きみの介護に根拠はあるか

本物の科学的介護とは

菊地雅洋
Kikuchi Masahiro

Evidence Based Care

HHCS

科学とは、その現在たると過去たるを問わず、
可能なる事物の観察である。
先見とは漸進的ではあるが、
起こりきたる事物の認識である。

レオナルド・ダ・ヴィンチ『随想録』

時代の変化に対応する確かな「根拠」を求めて

一人ひとりの感情の中にある介護の根拠

介護業界における昨今《さっこん》の流行語は「科学的介護」である。国の介護データベースも2021年4月から科学的介護情報システム（Long-term care Information system For Evidence：LIFE ライフ）と名称を変えて本格的運用が始まった。報酬改定でも各種サービス横断的に情報提出を求める加算を数多く新設し、全国の介護事業者のあらゆるデータをLIFEに集める仕組みを構築している。それは「科学的介護の確立」に繋がり、その先の自立支援へ繋がると考えられている。

科学的介護とはそもそもどのような介護を言うのだろうか。科学という言葉からは時代の最先端のテクノロジーをイメージし、科学的介護とはICTやインカム・AI搭載ロボットを活用する介護であると考える人も多いが、それは大きな間違いである。科学的介護とは「科学的根拠（エビデンス）に基づいた介護」という意味であり、必ずしも最先端機器を使ってサービス提供するものとは限らないのだ。

科学という言葉は体系化された知識や経験の総称という意味で用いられている。「ある状態に対して、こうすれば、こうなる」といった事象を集めることから、原因と結果を探していくのが〝科学的方法〟なのである。特定の条件を集めれば、特定の結果が得られることを示すことができるならば、その条件を作る方法論が科学的根拠と言えるわけである。そうした科学的根拠をしっかり築いて、それに基づいた介護実践をしようというのが「科学的介護」の本当の意味である。そのために、日ごろの介護実践に際して常に根拠を求め、それに基づいたサービス提供を行うという姿勢が重要になってくる。

感情のある人間が必要とする「介護の根拠」は、一人ひとりの〝感情〟に求めなければならないことも多い。この人は今、なぜ哀《かな》しんでいるのだろう。この人の笑顔に繋がっている喜びとは何だろうか。そうした「他者に寄せる関心」から導き出される根拠を積み重ねた知識や経験を、体系化していくことが求められるのだ。だから、人に対する関心のない人に介護の科学的根拠は作り出せないし、人の心を分かろうとしなければ、科学的な思考ができる人にはなれない。

根拠を持って問い続けたい介護の本質

科学的介護という言葉を誤解し、機器に頼ってその活用を目的化してしまえば、そこには「科学」は存在しなくなる。「愛情」などという目に見えないものは科学的ではないとして、利用者に寄せる人間愛や配慮の気持ちを不必要なものとすることは間違っている。人の感情に寄り添う姿勢を邪魔者扱いすることは間違っているのである。

本書では人への関心の向け方や愛情の注ぎ方を意味ある行為として、さまざまなエピソードとしてまとめている。それはフィクションではなく、介護の現場でまさに今「起こっている事実」であり、そこで行われていることに意味や理由を見つけることが介護の科学的根拠に繋がっていくと信じている。

私たちの暮らしは今、さまざまな変化に見舞われており、新たな困難の芽も生まれている。気候変動から生ずる災害が、毎年のようにこの国のどこかで起こっている。私たちが現役として介護の職業に関わっている期間に「大震災」と呼ばれる災害が2度も起こり、コロナ禍と呼ばれる世界的な感染被害も経験し、そこで奪われる人の命と、それによって生ずるさまざまな悲哀劇を見てきた。その時、介護を職業としている私たちはどのように手を差し伸べ、どんなふうにその思いを受け止める必要があるのだろうか。

私たちが今、この時代に介護という職業に関係していることは必ず意味のあることだと思う。さまざまな困難を乗り越え、今を大切に、介護という職業の本質を問い続けたい。そして介護サービスを利用する人の暮らしを少しでも豊かにしたい。仕事として関わる誰かの心に咲く花のようになれたらと思う。この本は、そんな思いを込めて上梓する本である。志を同じくする方々に、是非ご一読願いたい。

著者

I きみの介護に根拠はあるか

C O N T E N T S

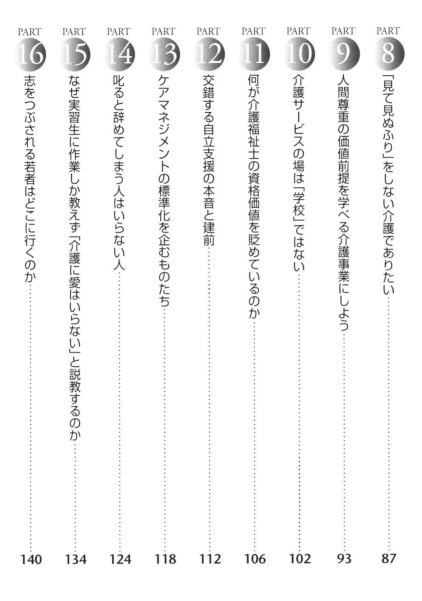

II INTERVIEW 今、語っておきたいこと

CONTENTS

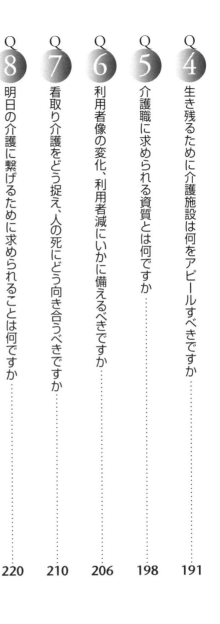

装丁・本文デザイン◆尾崎純郎

きみの介護に根拠はあるか

Kimi no Kaigo ni Konkyo ha Aruka

I

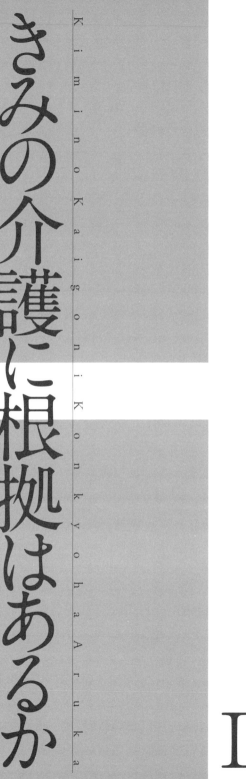

根拠を探れば介護が変わる 介護が変われば暮らしが変わる

PART 1

根拠のある介護実践から見つけ出す具体的な方法論

施設入所している方々の在宅復帰検討の際に、家族からの要望として「トイレだけでも自立してくれればすぐにでも家に連れて帰ることができる」という言葉を聞かされることが多い。家族にとって、それほど排泄支援は大きな負担である。特に失禁がある人を支援している家族の場合、排泄動作のケアに加えて、失禁後の清掃や洗濯などの対応も必要になり、その負担感はさらに増す。だが認知症や脳血管障害後遺症のある人で、トイレでの排泄がうまくできない人が、ある日急に自分でトイレに行くことができるようになり、失禁も無くなるような奇跡は起きない。リハビリテーションで身体機能が改善したとしても、排泄動作が完全に自立するとは限らない。

排泄障害のある人が、なぜ排泄行為がうまくできずに失禁してしまうのかという原因を探り、その原因にアプローチする方法を探し出し、自宅で実行できる方法を介護の専門家が家族に伝えることで、在宅復帰が可能になるケースは多い。

だが、そうした方法は偶然から見つけ出せるものではない。日ごろから根拠のある介護実践を心掛ける中で身に着けた、正しい知識と援助技術が基になって初めて具体的な方法論が見つかるのだ。その方法論は介護実践に根拠を求めない人にとって、永遠に見つけ出すことができないものかもしれない。

例えば認知症の人で、いつも失禁する人がいたとする。この場合の失禁原因は何だろうか。

少なくとも認知症＝失禁ということにはならない。特にアルツハイマー型認知症の人の場合、排泄感覚は衰えていない人が多い。なぜならアルツハイマー型認知症の場合、記憶を司る器官、「海馬」の周辺に血流障害が見られるという特徴があり、「記憶障害」が主症状となるが、その場合は排泄感覚を司る神経回路が壊れることはなく、排泄感覚自体は失われないからだ。そして運動能力も衰えていない場合はトイレまで歩いていくことはできるわけである。そうであるにもかかわらず「トイレにたどり着けずに失禁する」という理由はどこか他にある。つまり、アルツハイマー型認知症の人は排泄感覚があるにもかかわらず、記憶障害のためにトイレの場所がわからなくなって、トイレにたどり着けずに失禁してしまうケースが多いと想像できるのだ。

図1は、在宅で失禁が多かったアルツハイマー型認知症の方の排泄支援計画で

ある。このようにトイレの場所がわかるように工夫するだけで、失禁せずトイレで排泄できる人もいる。

またアルツハイマー型認知症の方で、「実行機能障害」が生活障害となっているケースも多い。実行機能障害とは2つ以上の行為の繋がりがなくなる障害だ。例えば椅子に座っているときに「おしっこがしたい」と思ってトイレに行こうとする際に、おしっこがしたいと感じて立ち上がるという行為と、トイレ向かって歩くという行為が繋がらなくなる。尿意を感じて立ち上がり、歩き出した瞬間、「トイレに行こうとした」という記憶を無くし、「自分は何をしたいのだろうか」と不安になり、おしっこがしたいことより「ここはどこだ、自分の知っている場所に行かなければ」と不安いっぱいで歩いているうちに失禁してしまうのである。

図2は、施設入所者で実行機能障害のある方の排泄支援計画である。不安そうに歩いている際に、「トイレに行きたくありませんか」と声をかけると、安心してトイレに誘導できるようになり、ズボンのチャックを下げるという動作誘導をすることで、失禁せずにトイレで排泄が可能になるのである。

一方で脳血管性認知症の人の場合、排泄感覚が完全に失われている人も多い。脳血管性疾患とは脳出血や脳梗塞などの総称であるが、出血や梗塞《こうそく》が生ずる部位が排泄感覚を伝える神経回路である場合、その機能が完全に失われてしまうこと

図1……記憶障害が失禁原因となっている人の排泄プラン例

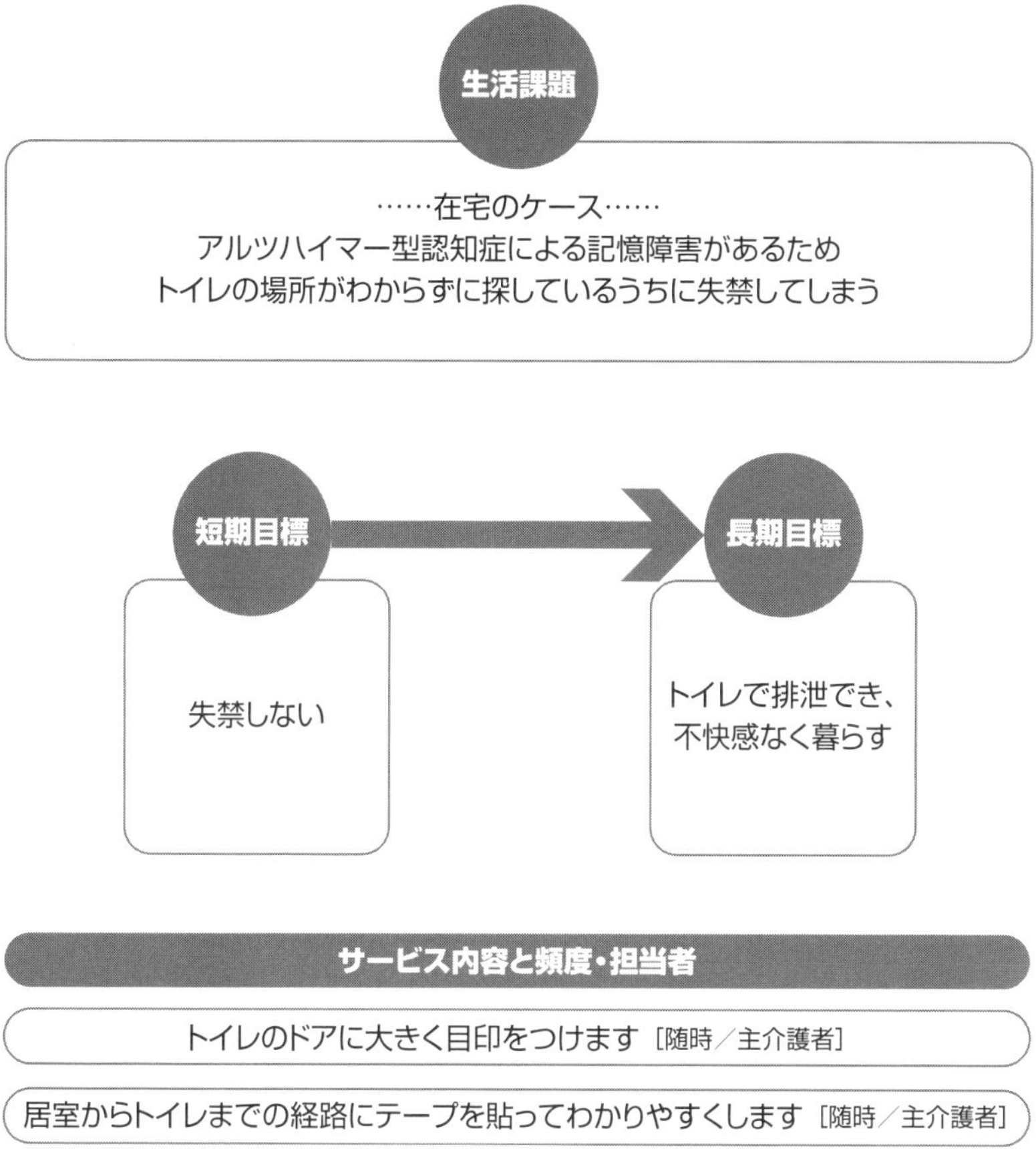
生活課題
……在宅のケース……
アルツハイマー型認知症による記憶障害があるため
トイレの場所がわからずに探しているうちに失禁してしまう
短期目標
失禁しない
長期目標
トイレで排泄でき、
不快感なく暮らす
サービス内容と頻度・担当者
トイレのドアに大きく目印をつけます［随時／主介護者］
居室からトイレまでの経路にテープを貼ってわかりやすくします［随時／主介護者］

（備考）排泄感覚に障害はないが、記憶障害から失禁するケース

図2……実行機能障害が失禁原因となっている人の排泄プラン例

生活課題

……施設利用者のケース……
アルツハイマー型認知症による記憶障害と実行機能障害があるため、
トイレに行く途中で歩いている目的を忘れてしまうことで失禁してしまう
トイレにたどり着いても排泄動作がわからず混乱する

短期目標

失禁しない

長期目標

トイレで排泄でき、
不快感による
混乱がなく
安心して暮らす

サービス内容と頻度・担当者

トイレを探していたり、歩いている理由を忘れていないか
動作や表情に注意して声をかけます［随時／介護職員］

トイレで便器への誘導とチャックの上げ下ろし等の
排泄動作を支援します［随時／介護職員］

不安な表情で歩いていたらトイレ誘導を試みます［随時／介護職員］

（備考）排泄感覚に障害はないが、実行機能障害から失禁するケース

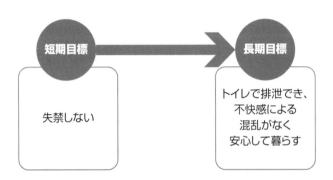

があるからだ。そして一旦失われた神経細胞は再生することはなく、神経細胞が壊死して排泄感覚を失った人は、治療はもとより本人の努力によっても排泄感覚を取り戻すことは不可能である。この場合の排泄支援は、排泄感覚がなく「トイレに行きたい」という訴えができないということを前提にして、定時のトイレ誘導で失禁なく排泄できる方法を考えなければならない。

図3は、定時のトイレ誘導を試みたものの、なかなかトイレでの排泄に繋がらなかったケースを再検討した計画である。定時誘導によるトイレ排泄が難しかった原因は、排尿時間が日によってばらつきがあり、時間を特定することが難しかったためであるが、その原因は水分摂取量が日によって大きくばらついていたことによると思われた。そのため毎日の食事摂取量と水分摂取量をチェックし直したうえで、医師や栄養士を交えたチーム内で、必要な食事摂取量と水分摂取量を導き出したうえで、水分摂取を行い、排泄パターンを再調査したところ、一定のパターンを掴むことができ、トイレ排泄ができるようになったケースである。

このようにそれぞれの失禁原因を個別に探り、その原因に直接アプローチすることで失禁なくトイレで排泄できることになれば、在宅生活に復帰できたり、在宅生活を続けられる人は多いのである。

24頁に示す表は、私が今まで経験した認知症の人の排泄障害の状態と、その対

図3……脳血管認知症の人で排泄感覚が失われている人の排泄プラン例

生活課題

……施設利用者のケース……
脳出血後遺症で排泄感覚の障害があり、失禁してしまう
適時トイレに誘導すればトイレでの排泄が可能と思えるが、
脱水傾向で排泄リズムが安定していないため誘導のタイミングがつかめない

短期目標 → **長期目標**

短期目標
排泄リズムが
安定する

長期目標
トイレで排泄することにより
おむつに排泄する
不快感がなくなり、
清潔を維持し、
快適に暮らすことができる

サービス内容と頻度・担当者

1日**1,300**㎖以上の水分摂取を行う
水分摂取表を記入する［随時／介護職員］

食事をきちんと摂取しましょう［本人］
摂取量チェックを行う［随時／栄養士・介護職員］

排泄チェック表をつけ、排泄パターンを調べる
（○月○日～○月○日）［介護職員］

トイレの誘導の声かけと介助を行う（○回／日）［介護職員］

（備考）脳出血による神経ネットワークの寸断で排泄感覚障害がある方のプラン例

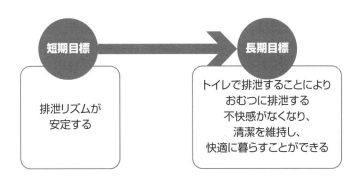

応をまとめたものである。同じようなケースでも、この通りの対応で結果が出るとは限らないが、対応を考える上でのヒントのひとつになると思うので、是非参照していただきたい。

水分補給の量にも正しい根拠が必要とされる理由

前述した図3のケースでは、排尿パターンを一定化させる手段のひとつとして、食事を含めた水分摂取量の調整を行ったが、その際の水分補給の目安となる量にも「根拠」が必要である。なぜなら脱水はせん妄状態を引き起こすこともあるし、意識障害や脳梗塞や心筋梗塞を発症させる恐れに繋がるが、水分の過剰摂取も、うっ血性心不全、肺水腫、高血圧などを引き起こし、心臓・肺・血管といった、生きていくうえで最も重要な臓器に大きな障害を与える危険性があるからである。だからこそ根拠に基づく適切な量の水分摂取支援が重要になるのだ。

図3で示したケースでは1日に排出する水分・汗を100㎖とし、不感蒸泄

表……認知症の人の排泄障害の状態と対応

状態	対応
尿意を感じてトイレに行くが、我慢できる時間配分ができていないため途中で漏らす	動作に注意したり、記録などからパターンをつかみ、早めに誘導する
トイレの場所が認識できない	動作に注意し、サインをつかみ誘導する
トイレではない場所をトイレと思い込んで排泄する	トイレを認識できる方法（目印・掲示など）の工夫
トイレの構造の記憶がなく、使い方がわからずパニックになって失禁する	しばらく行動を共にし、出来る動作でも声をかけながら手を添えて一緒に行う
尿意・便意を感じないから訴えられない	排泄サインの確認 尿意・便意を感じない神経因性膀胱の疑いはないか残尿チェックを行う
トイレに行っても下着を下ろせない 下ろしていないことを忘れて排泄する	行動を共にし、下着の上げ下ろしなど、できないことを手伝う
後始末を忘れる	同上
衣服を整えることを忘れる	同上
排泄したことを忘れて何度もトイレに行こうとする	本人はトイレに行った記憶がないので何度もトイレに行くことに苦痛を感じていない 気を紛らわし間隔をあける 残尿感がある場合は、膀胱炎等を疑い泌尿器科受診
漏らしたこと、衣服が濡れていることを認識できない	羞恥心から訴えない場合も多いので、傷つかない配慮で対応

（感じることなく気道や皮膚から蒸散する水分で、発汗は含まない）が９００㎖と想定した（排出する水分・汗及び不感蒸泄で失われる水分量については、医師に相談し、協議したうえで想定）。尿や便の排出量は、この時点ではおむつに排泄していたので、濡れたおむつを計量すれば正確な量が把握できるが、その量が１５００㎖だったために、合計水分排出量は２５００㎖となる（不感蒸泄には個人差があるので要注意。高齢者の場合、多く見積もっても２０００〜２５００といったところか）。

　この場合、補うべき水分量も２５００㎖とすればよいわけだが、まずもって３度の食事でどれだけ水分摂取ができているかが問題だ。例えば食事で水分が１０００㎖摂れている場合（これはかなり少ない数字。特別養護老人ホーム（以下、特養）などの食事が全量摂取されている方であれば、おそらく食事だけで、１３００㎖以上摂れているだろう。管理栄養士に確認することをお勧めしたい）、食事以外で１５００㎖水分補給しなければならないという考えは間違っている。なぜなら体内の代謝水《たいしゃすい》というものがあるからだ。代謝水は、体内での栄養素の酸化的分解過程で生じる水のことで「酸化水」とも言う。この分を見積もらねばならず、それはおおよそ２００㎖／日と想定できるので、結果このケースの水分補給に必要な量は１３００㎖／日となる。しかもこれは不感蒸泄を最大限に見積もり、かつ食事摂取量が少ない人の場合であることに注意が必要だ。特養で暮らしている方々で、1300㎖／日もの水分摂取量が必要になる人は、さほど多くはならないはずである。本ケースでも不感蒸泄の想定量が多すぎていないかを確認するために、毎日看護師が午後1時に利用者のバイタルチェックを行い、手足のむくみなどがないかを確認して過水状態がないことを確認していた。

水分を多量に摂取しても尿になって排出されるし、尿量が増えることはそれなりに意味があるという考えも危険である。前述したように、水分のとり過ぎは心臓などの臓器に大きな障害を与える危険性が否定できないからである。

根拠のない介護の恐ろしさ

しかし一部の介護施設では、某大学教授による「1日1500㎖以上の水分補給によって高齢者の体調は整えられ、活動性が上がることで体力を回復し、意欲や活力を取り戻す」「そのことによってオムツを外すことができる」という根拠のない理論を信奉して、強制的に利用者に大量の水分摂取を行っている。

50人以上の高齢者が生活している場所で、全員に1日1500㎖以上の水分補給をしようとすれば、それを拒む利用者も当然出てくる。認知症の人は強制的に水分を飲ませられる理由がわからないから、激しく抵抗する場合もあるだろう。そうした施設では以下のような状況がつくられていることが情報提供されている。

◆スプーン1口のゼリーですら首を横に振って涙目になられ、浮腫で全身腫れあがっている利用者に水分を無理強いする事が当たり前のように行われています。

◆「水分摂取表」にいつも当然のように「全量」と書き込む先輩介護福祉士の水分摂取介助の方法とは、「スプーン2本を使って無理やり口を抉じ開けていました…」

◆その利用者の舌の裏は血豆だらけになっていました。

これは強制大量水分補給を実施している特養に就職した介護職員が、私のブログ記事にコメントしたものである。利用者全員に決められた量の水分を呑ませることを目的化した介護の「成《な》れの果て」がこの状態である。このような介護のどこに「科学」が存在するというのだろうか。

おむつゼロを目的化した介護の成れの果て

このような強制的水分大量補給法の推進に一役買っていたのが全国老人福祉施設協議会（以下、全老施協）である。毎年複数の地域で「介護力向上講習」を実施して、この水分補給法を推奨していた。その目的は、施設利用者に水分を大量に摂取させることによって体力や意欲が向上することを利用して歩く訓練を行い、トイレでの排泄を促し、「おむつゼロ」を実現するというものであった。この講習を受講し、実施していた特養の職員からも、その方法に対する疑問の声が私のブログにコメントとして届けられている。

◆座位がまともにとれない方であってもポータブルトイレへ極力誘導し、無理やり座らされて苦痛にゆがむ利用者の表情は無視されます。

◆歩行訓練になるともっと悲惨で、片麻痺・拘縮のある方を3人、4人がかりで歩行器で引きずるのを歩行訓練と称しています。しかもそれは家族には見せません。

このようにおむつを外すための方法の根拠を個別アセスメントに求めることなく、食事以外に１５００㎖／日もの大量の水分を強制的に摂取させる方法に求めるから、それに伴う機能訓練や排泄ケアの方法も、介助を受ける側の人間性を否定しかねない方法になってしまうのではないだろうか。引きずるように廊下を歩かせて、無理やり便器に座らせるという排泄方法が行われている場所に、暮らしの質が存在するのだろうか。利用者は幸せでいられるのだろうか。そこに社会福祉という概念は存在するのだろうか。

全老施協は個別の介護の方法論を問うことなく、結果として「おむつゼロ」が実現された施設を表彰していた。しかし、全老施協が評価していた「おむつゼロ」の定義をよく読むと、必ずしも排泄がトイレで行われている状況を示すものではなく、排便が「トイレもしくはポータブルトイレで行われている」状態のことを指し、排尿については「パットなどの交換でもよい」とされている。しかもおむつゼロを達成したとして表彰されている施設のホームページなどでその状況報告を読むと、「おむつゼロ」とはあくまで日中の状態であり、夜間は含まないようである。これで本当に暮らしの質の向上と言えるのだろうか。

開催されなくなった介護力向上講習

全老施協の介護力向上講習は２０１５年度を最後に２０１６年度以降は開催されなくなった。現在でも県レベルの老施協で一部開催している地域もあるようだが、全老施協としては個別アセスメントを伴わない１５００㎖／日もの強制的水分大量補給法を推奨しなくなっている。しかも、２０１６年12月５日付で全老施協が塩崎厚労大臣（当時）に宛てた要望書の中で、次のような指摘をしている。

◆特養で利用者の意に反して栄養を投与し、リハビリを重ね、歩行器で歩かせることを強いるような「ＱＯＬの向上を伴わないＡＤＬ回復の目的化」が促進されるリスクが強く危惧される。

◆事実上要介護度改善の義務化を課すことは、もはや虐待と言っても過言ではない。

これはまさに介護力向上講習で推奨されていた方法論が「不適切ケア」であったと自己批判しているようなものではないのだろうか。

報酬改定で完全否定されたおむつゼロ基準

２０２１年度の介護報酬改定で「自立支援」「暮らしの質」がどう評価されているのかを見て気が付くことがある。言うまでもなく介護保険の理念のひとつは「自立支援」であるが、もうひとつ忘れてはならない理念があり、それは「暮らしの質の向上」である。過去の制度改正や報酬改定では前者が前面に出されて、後者についてはほとんど脚光を浴びてこなかったが、２０２１年度の報酬改定ではその部分に新しい光が当たっている。そのことに気が付いている方はどれほどいるだろうか…。

例えば特定施設入居者生活介護と、介護福祉施設・介護保健施設・介護医療院のサービス提供強化加算に、「質の向上に資する取組を実施していること」という算定要件（厚生労働大臣が定める基準）が追加されている。このことについて解釈通知では、その具体例としてＬＩＦＥを活用したＰＤＣＡサイクルの構築とＩＣＴやテクノロジーの活用のほか、ケアサービス面では次の内容を要件として挙げている。

ケアに当たり、居室の定員が2以上である場合、原則としてポータブルトイレを使用しない方針を立てて取組を行っていること。実施に当たっては当該取組の意義・目的を職員に周知するとともに、適時のフォローアップや職員間の意見交換などにより、当該取組の意義・目的に則《のっと》ったケアの実現に向けて継続的に取り組むものでなければならない。

さらに施設サービスに新設された「自立支援促進加算」の算定要件の中には、「排泄は入所者ごとの排泄リズムを考慮しつつ、プライバシーに配慮したトイレを使用することとし、特に多床室においては、ポータブルトイレの使用を前提とした支援計画を策定してはならない」という規定も盛り込んだ。

このように多床室でのポータブルトイレ使用は、生活の質を低下させる要素であるとして、そうした使用実態をなくしていく方向性が示されているわけだ。

施設サービスにおいて排泄自立のアウトカム評価を行う「排せつ支援加算Ⅱ及びⅢ」についても、そのアウトカム評価基準の中で「リハビリパンツや尿失禁パッド等の使用は、おむつの使用に該当する」として、おむつ外しの評価としてリハビリパンツや失禁パットの代用を認めないこととしたうえで、Q&Aでは「排せつ支援加算（Ⅱ）又は（Ⅲ）の算定要件について、おむつの使用がなくなった場合に、排泄状態の改善と評価するものであり、おむつの使用が終日から夜間のみになったとしても、算定要件を満たすものではない」とし、日中のみのおむつ外しを評価しないとばっさり切り捨てている。

このように全老施協が推奨していた「おむつゼロ運動」の評価基準（おむつゼロとは日中は排便がトイレもしくはポータブルトイレで行われている状態のことを指すもので、排尿についてはパットなどの交換で可。夜のおむつ使用も可）は、完全に否定されているのである。しかし何年もの間、強制水分摂取の被害に泣いてきた多くの介護施設利用者がいて、日中のみの「まやかしのおむつ外し」のためにたくさんの要介護高齢者の人権が無視され、「苦しい」「助けて」という声が無視され続けてきた歴史を作った責任は、いったい誰がとるのだろうか…。おむつゼロという目標を達するためだけに、利用者の暮らしの質を無視して行われた悪魔の所業。そうした行為に泣いてきた人の心の傷と体の痛みは、決して消し去ることができないのである。

スローガンに踊らされ、利用者の意志や表情が無視される「介護の方法論」ほど恐ろしいものはないことを、介護関係者は心に刻まなければならない。我々はその歴史を二度と繰り返してはならないのである。

根拠なき“悪魔”の遺産

強制大量水分補給法を取り入れていた介護施設、そして今もその間違いに気づかず「根拠なき方法論」を取り続けている介護施設によって、人権侵害を受けている人は大変な数にのぼると思う。虐待・人権侵害と言ってもよいその迷惑行為がほとんど表面化せずに、大きな社会問題となっていない理由は、洗脳された介護事業経営者によって、密室化された介護施設の中だけで問題処理されてしまうからに他ならない。

例えば過水による疾患（高血圧の重篤化・うっ血性心不全・希釈性低ナトリウム血症など）によって命が奪われる人がいたとしても、高齢者介護施設でそのような疾患で亡くなる人は大勢いるために、強制大量水分補給法による過水が疾患原因であると特定されることは無い。「年だから病気で死ぬのは仕方がない」とされた人の中で、いったいどれくらいの人が、本当は死ななくてもよい人だったかということを今さら証明する術《すべ》はない。しかし強制大量水分補給法を妄信し疑いなくそれを実践している人は、幾人かの死に対して自らの行為責任が問われることを自覚するべきだ。１５００㎖／日もの過剰な強制水分補給を行っている人間とは、水分摂取させられている人にとっては〝死神〟でしかないのである。

２０１８年にＴＢＳ系列で放映されたテレビ番組でこの強制大量水分補給法が取り上げられ、某俳優の親が「水分を大量摂取することで認知症が改善した」という内容で放映されたことがある。その番組で紹介された事例は単に「脱水性せん妄」の脱水が改善されたことにより、症状が改善したに過ぎないもので、水分摂取によって認知症が改善されたものではないことは、専門家から見れば明らかであった。これは、１５００㎖／日もの大量水分摂取を強いていたにもかかわらず、たまたま内蔵にダメージ無く過ごすことができたという、偶然と幸運の重なったケースにしか過ぎないのだ。

同じことを脱水ではない認知症高齢者に強制的に行えば、深刻なダメージが内臓に生じ、場合によっては心不全などで命を落としかねない。猛暑の地域では電解質などを摂らずに水分だけを大量に摂取することは、低ナトリウム血症などを引き起こす可能性もある。これも人命にかかわるのだ。

そもそも人が必要とする水分量を、食事摂取量を抜きにして考えるなどあり得ないという常識がその番組には欠如していた。通常の食事を３食摂取できている人であれば、食事以外の水分補給量は、１０００㎖／日程度で十分である。食事摂取ができていて、なおかつそれ以上の水分補給が必要なケースは、治療すべき疾患が別に存在すると思われる。どちらにしても無責任なマスコミ報道に踊らされて、必要以上の水分の強制摂取が行われ、人権侵害のみならず、生命を侵害される認知症高齢者が出てくるのではないかと危惧し、私のブログでその放送内容を批判する記事を書いて警告していたが、先日ＳＮＳで繋がっている人から次のような情報が送られてきた。

3年くらい前だったと思います。テレビ番組で1日に1500㎖の水を飲むだけで認知症が改善するとして放送されました。それを見て透析を実施されていた利用者さんが同じことを実践して大変な事になり、結果的に亡くなられました。その放送の後で番組ディレクターと〝やり合った〟ことがあります。せめて「疾患によっては危険だ」という注意テロップだけでも入れてくれと伝えましたが全否定されました。水分摂取で危険な場合もあることを注意喚起だけはしてほしいと伝えても、「今後は放送する予定はありません」で終わりました。理論は全ての人に当てはまる訳ではないし、危険な場合もある。それを伝えてほしかった。

おそらくこのような悲劇が日本全国で起きているのだろう。その悲劇の先頭を走るというより、その悲劇を先導し、煽《あお》っているのが根拠のない水分摂取理論と強制大量水分補給を実践している施設である。自分が利用者にとっての〝死神〟になることを逃れる唯一の術《すべ》は、そのような方法の「実践者にならない」ことであると、1日でも1分でも早く気がついてほしい。

法令根拠が必要とされる問題 社会常識で判断してよい問題

PART 2

根拠は実体のあるものに

介護に関する専門資格を持っている人であっても、介護保険制度の全てのルールに精通しているとは限らない。ましてや何か問題が生じた場合、常にその場で正しい答えを引き出すことができるわけではない。しかし利用者を実際に支援する実務についているのであれば、可能な限り全てのルールを把握、精通する努力はすべきである。当然、法律や法令通知を全て諳《そら》んじられるわけはないから、問題が生ずるたびに関連法令などを何度も確認する必要がある。しかし、基本的なことはしっかり覚えておいて、わからなくなった場合や記憶が曖昧《あいまい》な場合でも、どこのどのような文書を確認すれば答えが出せるかということは常に意識しておくべきである。そのためには一度引き出した答えの根拠が、何に基づいているのかという意識を常に持つことが大事だ。ただしその根拠は法律や通知などの実態のあるものに求めなければならず、行政指導担当者が「こう言った」という発言だけでは根拠にはならない。その発言が何に基づいた判断であるのかが重要なのである。

実際に行政指導担当者による「無知、無理解によるお粗末な指導」が行われた事実も過去にはたくさんある。例えばショートステイの契約の問題で、実地指導において「ショート利用ごとに新たな契約を交わし、そのたびに同意が必要とする」という指導をしている行政指導担当者がいた。仮に週に2度ショート利用がある場合、2度とも新規契約が必要だという指導である。そしてその根拠として「ウィークリーマンションの契約が利用ごとだから」と言う指導担当者がいたというから驚きだ。利用契約事項に一定期間の定めや、契約事項に変更が無い場合の継続利用の規定が定められてあれば、そのような利用ごとの契約などは必要がない。これは民法の契約行為の概念に照らしても問題はないし、そもそも介護保険法でそのような利用の「都度契約」まで求めていない。その指導担当者の理屈で言えば、訪問介護や通所介護も、訪問のたび、あるいは通所のたびごとに新たな契約が必要になるということになってしまう。ショートステイだけが利用ごとに契約が必要で、訪問サービスや通所サービスがそうでなくてよいという根拠はどこにもないのである。

このような「思い込み」によるデタラメな行政指導も実際に存在するのだ。その際に、指導される側がきちんと根拠の明示を求めて議論しないから、行政担当者の勝手な解釈が押し付けられることになる。相手は行政指導の専門家ではあっても、こと介護保険制度に関して言えば私たちの方が専門家であるという誇りと自信を持つべきである。そのためにも介護事業者の職員は、日頃生じた疑問の解決について、単に行政に問い合わせて答えを得ただけで問題解決したと思わず、その答えを導き出した根拠となる法令などをきちんと確認する癖をつけるべきである。自らが関わるサービスに関する基本法令を日頃から確認し、十分な解釈を行って事業に関わっていないと、知らずに法令違反を犯し、結果的に不適切な費用算定などを行って、後に返還指導を受けるリスクを背負うことになる。悪気はなく、法令を知らなかったから間違った請求をしてしまっていたということは、恥以外の何ものでもないのだ。そんなものは免罪符にならないのである。

法令・法文の前に社会常識、社会規範

それと同時に、常識に照らして法律に書くまでもない事柄があることも知るべ

きだ。当たり前のことまで根拠を求める必要はないことも理解すべきだ。法令とは所詮文章にしか過ぎず、それが人間生活の全てを規定できない以上、全ての解釈が法令によってのみ解釈できると考えることは間違いである。法令・法文の前に、社会規範や社会常識があり、それらの規範や常識で十分判断できる事柄まで法文は触れないのが普通だからである。

例えば、従来型の介護保険施設には4人部屋までの多床室がある。ここにどのような利用者が入居しようと、それは施設と利用者間で決定すべき問題で、法令上の制限はない。そうであれば施設が利用者に対して他人である異性との同居をお願いし、それを利用者が認めるなら、他人同士の男女混合居室も法令上は認められるということになってしまう。

私が管理するインターネット掲示板で次のような質問を受けたことがある。

施設長より「入所調整をしやすくするために、4人部屋にパーテーションなどで間仕切りし、男女混合室を作ります」という話がありました。施設長は頑固で、なかなか人の意見を聞いてくれません。

明らかに施設側の都合であり、利用者の尊厳などを無視した施設長の発言に怒りを覚え、法令で禁止されていると説明しようと調べてみたところ、思うように見つかりません。どうしたらよいのか力をお貸しください。

質問を寄せてきたのは特別養護老人ホームの介護職員である。頑迷《がんめい》で物事の本質を分かっていない施設長の命令をなんとか撤回させようと、法的根拠で説得したいという気持ちがにじみ出ている。しかし前述したように、法的根拠として男女混合居室を禁じた何ものもない。このとき施設長をどう説得したらよいのだろうか。

そもそも施設入所は契約に基づくものであるが、公費運営されている介護施設は社会の信用を損なわないように、サービスの品質を一定の水準以上に担保する必要があり、社会常識から大きく外れた契約内容を勝手に定められるというものではない。そうであれば社会常識として他人同士の男女が一緒の部屋で共同生活を送ることが当たり前の社会ではないため、入所条件を「多床室は男女混合」という条件をつけて、これを拒む入所希望者と契約を結ばないことは、正当な理由によらないサービス提供拒否と言えるであろう。しかしそれ以前に、社会常識とは乖離《かいり》した他人同士の男女混合居室を作って、そこで利用者を生活させること自体が、性差《せいさ》に配慮すべきプライバシーの侵害であり、他人である異性から羞恥心に関わる部分を常に見られる状態を作るという意味では、「虐待」と何ら変わりない。こうした状況を作ろうとする施設長の見識は、その任にふさわしくないと言えるし、介護施設という公益性の高い施設の管理者としての見識が疑われると言ってよい。

法令で決めごとがないことは「何でもあり」ではないのだ。法令より広い概念で、法令より上位にあるものとして「職業倫理」があり、社会通念上の常識ではない状態を作りださないということは、法律に定めるまでもなく守らなければならないものなのだ。そうした職業倫理観を持たない施設長は介護サービス業界から去らなければならない。そのような考え方に基づいて、この質問に私は次のように答えた。

男女混合居室を明確に禁止した法令はありません。それは場合によって男女混合居室が認められるという意味ではなく、そんなことは法律で規定するまでもなく行うべきではないという常識が存在するからです。

あえて法令で不適切であるとするとすれば、解釈通知老企43号『11 介護（基準省令第13条）（1）介護サービスの提供に当たっては、入所者の人格に十分配慮し、施設サービス計画によるサービスの目標等を念頭において行うことが基本であり、自立している機能の低下が生じないようにするとともに残存機能の維持向上が図られるよう、適切な技術をもって介護サービスを提供し、又は必要な支援を行うものとすること』がそれに該当するでしょう。

このように「入所者の人格に十分配慮」とされていますが、利用者や家族の希望を無視して他人同士の男女を混合居室で対応するのは「人格無視」と言ってよく、この規定違反とは言えると思います。パーテーションで仕切ったとしても同室であることに変わりはなく、過去には、『保険外お泊まりデイでの男女雑魚寝宿泊状態』が世の批判を浴び、都道府県ごとの独自基準が設けられる事態にまで発展したのと同じ状態です。同じ轍を踏むのですかと言ってやってください。

そもそも一般社会で、他人である異性と同室で暮らし、そこで介護を受けるなんていう常識があるでしょうか。それこそ「介護の常識は世間の非常識」という状態を生み出します。

施設管理者は神ではありません。世間一般の常識に照らして、それをはるかに超えた非常識を作ることは人として許されざる行為です。その施設長には、地域社会に向けて、「うちの施設は他人同士の男女を混合させて同じ部屋で対応する施設です」と事実を告げられますかと尋ねてください。

こんなことを言わなくても、当たり前に「他人同士の男女を同じ部屋に住まわせるのは、暮らしではなく、収容である」という常識を持つべきである。施設の常識は世間の非常識という状態を自ら作り出すようなこの施設長は、自らの資質を自らに問い直すべきである。

丁寧語は使い分ける必要がない

PART 3

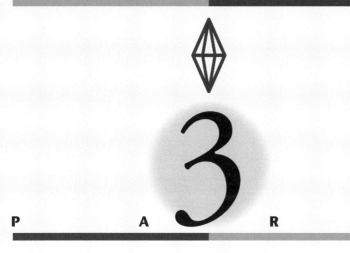

介護業界の非常識から生まれる「タメ口」

仕事柄、全国各地を飛び回って講演を行っているので、そこで初対面の人に相対する機会も多い。そうした初対面の方々に好印象を持っていただくようにするためには、笑顔や挨拶、言葉遣いは大切にしなければならないものだと思っている。

講演を主催してくださる方は私にとって雇用主にも等しい方々なので、少しでも失礼があってはならない。また講演を聴きに来てくださる方がいるからこそ講師業は成り立つので、受講者の皆様もお客様そのものであろうと思う。だから少しでも嫌な思いをさせてはならないと思う。そのために、様々な場所で出会う人たちの職業や地位や年齢に関係なく、出会った方々に話しかけたり会話をする際には必ず「丁寧語《ていねいご》」を使っている。意識してそうしているのではなく、私の中で当たり前のこととして、ごく自然にそうなっているわけである。

ごくたまに、私より年下と思《おぼ》しき初対面の人が〝タメ口〟で話しかけてくることがあるが、それはその人の「人となりなのだ」と思い、気にしないようにしている。そのことをことさら注意することもない。なぜなら、その人は仕事上の部下でもないし、近しい人間関係があるわけでもないのだから「言うだけ無駄」と思うからだ。関係性を継続する必要のない人にいちいち注意したり、小言《こごと》を言っているほど暇ではない。

だがそのような人から「あなたもタメ口でいいよ。きっと私の方が年下だし」と言われた場合（過去に実際にあったことだが）、その時はひと言意見する。「あなたが丁寧語で話せば解決する問題ではないですか」って。きっと嫌な奴に思われただろう。

ただそうして出会った人と繋がりを持ち、長く交流していくうちに友人ともいえる関係となって、打ち解け合い、親しい関係性が生まれる中で、ごく自然に言葉を崩して会話することもある。それは双方の関係性のなせる業《わざ》だから、当然それでよいと思っている。しかし介護事業の中で、利用者に対してタメ口で話しかけることを「関係性ができているから」と理由づけて正当化するのは少し違うと思う。そこで培われた関係性とは、対人援助の中でサービス提供者とサービスを受ける側という関係性であり、サービス提供者が職業として金銭対価を得ている以上、相手はお客様である。そこでは、顧客とサービス提供者という関係性から決して外れることができないのだから、タメ口を使う理由を関係性に求めること自体が間違っているのである。

お客様に対して丁寧語で接することは、保健・医療・福祉・介護業界以外の職業ではそのことを教育するまでもない常識であり、顧客にタメ口を使った瞬間に職場を追われるのが常識である。しかし介護業界にはこのごく当たり前のことを理解できない、知能レベルが低い従業員が数多く存在している。介護人材不足が低能で接客意識を持てない〝人罪《じんざい》〟をはびこらせているのだ。そうした人間は、利用者の家族に対しては丁寧語で接しているにもかかわらず、その同じ口で利用者本人にタメ口で接したりする。中には認知症の人にだけタメ口で接する者もいたりする。そのことを指摘すると、相手の置かれた状況や気持ちに合わせて「言葉を使い分けている」などと屁理屈《へりくつ》をこねる者も多い。

しかし、利用者の置かれた状況を常に正しく把握できるという〝神業《かみわざ》〟の持ち主はいるのだろうか。言葉を人によって変えている人は、相手の気持ちが常にわかる神のような能力を持っているとでも言うのだろうか。残念ながら私はそのような神業を持つことはできないし、私が総合施設長を務めていた特別養護老人ホームのかつての部下たちも、そのような能力を持つことができるとは思っていなかった。だからこそ、常にサービスマナー意識を持って失礼のない態度でお客様に接し、丁寧語を日常的に使いこなすことができるように教育を行ってきたのである。

そもそも態度や言葉遣いを無理に使い分けると、「差別している」という誤解を与えかねない。そんなリスクを負った職員を、介護サービスという最もプライベートな空間に踏み込む場所に置いてよいわけがない。それは人を傷つけ、人を悲しませる最大の要因になるからだ。

マナーがある丁寧な態度や言葉は、人によって使い分ける必要が無いのである。人の感情はさまざまであるがゆえに、自分の考えが及ばない考え方や心の在り方があるのだ。そうした人間そのものに寄り添う職業では、使い分けなくとも、人に不快を与えない一定の態度を身に着け、その態度を守りぬくことが「人を護る」ことに繋がるのである。そのことを理解できない人は、介護という職業を続けてはならない。

民度が低い介護業界の現状

サービスマナー意識をもって丁寧な対応を心がけるというのは、接客を伴う職業において極めて当然の常識である。しかし介護事業所に勤める人たちの中には、このことを全く理解できていない人や、自分たちの職業が接客業でありサービス業であるという基本も理解できていない人もかなり多い。保健・医療・福祉・介護業界以外で「お客様にタメ口は使ってはなりません」などという教育は成り立たない。ところが介護業界は、そこからサービスマナーの話を始めなければならないだけではなく、そもそもサービス利用者が「顧客」であり「お客様」であるという概念から話さねばならないことも多い。それほど民度が低い業界なのだ。

介護職員の中には、家族が家庭内で会話する際に使う言葉遣いが、利用者との距離を縮め、良好な関係に結び付くと勘違いしている人が多い。介護職のみならず、経営者や管理職という労務管理のトップに立つべき人の中にも、自分自身を律することなく、言葉や態度を崩して接することが、利用者が求めている関係性であると勘違いしている人が多い。要するに、丁寧な態度や丁寧な言葉遣いで良好な関係性をつくれないほど、知性に欠け、コミュニケーションスキルが低い人間が介護業界に数多くはびこっているという意味だ。お金を払ってサービスを利用する人に、そのお金を原資に給与をもらう側の人間がタメ口で接することが許されるとどうして考えるのだろう。そうした失礼な態度を「家族的・家庭的」と考える知性の低さはどこから来るのか。私たちは対人援助のプロフェッショナルとして、介護という職業を通して金銭対価を得ている。家族と同じでは困るのだ。私たちの働く場所が家庭のように利用者がくつろげる場所にする必要はあっても、実際の家族ではない私たちが遠慮のない態度や言葉遣いで利用者に接することは、利用者にとっての「くつろぎ」ではないわけである。そこではプロとしての業《わざ》を期待されているのだから、接客態度として正しいマナーを持って、利用者の方々に満足感を与えられなければならない。そのためのサービスマナーであり、そこから真のおもてなしの心（ホスピタリティ精神）が生まれるのだということを理解する必要がある。

そもそも私たちサービス提供者とサービス利用者の方々との関係性は、家族関係でも友人関係でもなく、あくまでもサービス提供者と顧客の関係性でしかない。くだけた態度は失礼な態度と誤解されても仕方がないのである。そういう誤解を受けないために規律が必要となり、従業員が規律を身に着けるためにサービスマナー教育が不可欠であり、それは計画的・継続的に行わなければならない。ところが、こうした教育を「従業員への押し付け」と感じる人がいたり、サービスマナーを持って接することが求められることについて「やらされ感が半端ない」という声が聞こえてきたりする。

これこそ介護業界の民度の低さの象徴である。職場にはルールがあって当然だ。そうしたルールを守ることがその職場で働き続けることの条件であり、それができないと言うのであれば、その人はその職場で働く権利を失うのである。就業規則で定められた礼儀ある態度を「押し付け」とか「やらされ感」と思うなら、その時点でその人はその職場にいてはならない人とされても仕方がない。職場のルールを「おかしい」と感じ、従うことができないなら別の職場を選ぶべきなのである。

利用者は顧客であると考えることが「家庭的ではない」と疑問を持つ従業員が多いのも介護業界の特徴だ。利用者がいて事業収入を得られる以上、利用者が顧客であることに疑いはなく、それは極めて当たり前のことだ。そこで生活の糧を得ている以上、利用者に家族と同じ態度で接することが求められるわけではなく、介護のプロとしての節度ある態度で、サービスマナーを持って利用者対応するのはごく当たり前のことだ。この当然のことが理解できないという〝幼稚〟な疑問を、根気よくつぶしていかなければならないのが介護業界の現状である。一人ひとりの従業員がもっと介護業界全体の民度が高まるように、介護のプロとしてのコミュニケーションスキルを向上させる努力をしてほしい。管理職レベルでその理解ができない人は対人援助サービスを管理する能力が無いと言わざるを得ず、顧客に接する以外の別な職業を探した方がよい。

本当の意味の親しみやすさ

親しみとは、「なじみがある・身近である・心に隔てがない」という意味であり、親しみがあるとは、相手に対する思いやりや尊敬の気持ちがあり、礼儀正しい振舞いができる態度のことを言う。一方、馴れ馴れしさとは、それほど親しい間柄でもないのに「打ち解けすぎて、遠慮がなく、ぶしつけな態度や振舞いをすること」を指すもので、相手の気持ちを無視した、礼儀を欠く態度のことを言う。しかし介護サービスの場では、しばしばこの「無礼で馴れ馴れしい言葉」が「親しみのある言葉遣い」と混同されてしまっている。礼儀に欠けるタメ口は、親しみやすさとは程遠いものであり、無礼な馴れ馴れしい言葉遣いでしかないことは明白なのである。それを恥も外聞もなく使っている人間がはびこっているのが介護業界だ。要するにそれは、母国語である日本語を満足に理解せず、使いこなせない者が介護業界にはびこっているという意味だ。恥ずかしい限りである。

その結果、介護業界ではしばしば横柄な態度、無礼な言葉遣いによって人権侵害に繋がる問題が引き起こされている。加害者は「そんなつもりは無かった」と言い訳をするが、人権侵害という結果をもたらした後では、そんな言い訳はなんの免罪符《めんざいふ》にもならない。そもそも、全ての利用者が本当にくだけた態度を望んでいるのだろうか。そんなことはあり得ない。仕事である以上、お客様に不快な思いを与えないための最低限のルールはあって当然だということを理解できない人間は、本来対人援助の場にいてはならないのである。なぜなら、対人援助とは誰かの人生の一部分に深く関わるという意味があり、高齢者介護とは人生の最晩年期にかかわるという責任を持つからだ。それは誰かの人生の幸福度に、決定的な影響を及ぼしかねないという責任であり、介護職の心無い態度で利用者の心を傷つけてしまったとしたら、取り戻す術《すべ》を失う可能性が高い仕事であるという意味だ。その自覚を持てば、自ずと人を傷つける恐れのある「タメ口」など使えなくなるはずである。しかし、頑としてタメ口を直さない人間もいる。そんな人間は潜在意識の中に「人を傷つけてよい」という気持ちを隠し持っている。そんな人間が対人援助にかかわってよいわけがない。

全ての介護関係者に自覚してほしいことがある。それは、一度口に出した言葉は元には戻らないということだ。だからこそ言葉で相手を敬《うやま》う気持ちを表現することが大事になのだ。一人ひとりの職員が介護事業所の顔であるからこそ、利用者や家族、一緒に働く人を不快にさせない言葉遣いを身につけなければならない。

電話対応は特に気を使ってほしい。電話の向こうには生活習慣も感性も全く異なるさまざまな人がいる。そんな人と応対しなければならない電話対応は、顔が見えないだけに誤解されやすいのだ。だからこそ、最低限のマナーを守りながらサービスの品質を担保することが求められる。思いついた言葉をストレートに口に出して伝えるのではなく、その言葉を伝えたとき、相手がどのような気持ちになるかを考えて話す習慣をつけてほしい。

「親しき仲にも礼儀あり」という言葉はどんなに親しい仲であっても、最低限「相手を敬う気持ち」を表現することが大切だという意味である。仕事として人とその暮らしに深く関わる我々は、顧客である利用者のプライドを傷つけない言葉を選択するという最低限のマネーを守らなければならない。

そうであるなら、お願いやお断りをするときには「クッション言葉」を使いこなすスキルも持つべきである。クッション言葉を使いこなすことで相手に対する印象を和らげることができるからだ。クッション言葉には「恐れ入りますが」「失礼ですが」「あいにくですが」「申し訳ありませんが」「大変申し上げにくいことなのですが」などという表現方法がある。これらも、質問するときや依頼を断るときなどと、状況を分けて言葉を選択できるように学ぶ必要がある。そのためにも『介護事業のサービスマナー研修』を定期的に実施してほしい。

職場改革は職員の意識改革からというのは大間違い

介護事業者の看板さえ掲げれば顧客確保に困ることはなく、経営戦略も立てられないトップをいただいていても収益が上がり、事業の継続が可能な時代は過ぎている。公費運営を中心としなければならない介護事業ではあるが、常に人員確保が困難な状態が続き、人材難が解消される目途もない。介護給付費も人件費の伸びを下回る水準でしか上がっていない状況だ。そんな中で今後10年、20年先の介護事業経営を考えたとき、事業の多角化および広域化、大規模化によるスケールメリットを最大限に発揮することが事業経営の安定化には不可欠である。

そのために何よりも必要なのが顧客確保である。一人ひとりの顧客単価は下がり、収益率は下がると言っても、介護サービスを利用する人の数は今後も増え続け、毎年介護給付費だけで1兆円以上増加していくのだから、顧客確保の競争に勝ち残った先には大きな収益を上げることが可能になるのだ。それを職員にも還元することで、よりスキルの高い人材を確保することにも繋がり、人材確保面でも優位な立場に立つことができる。

今後、顧客確保のためには既に居宅サービスの中心層になっている団塊の世代に選ばれる事業者になる必要がある。そのためには、家庭的な雰囲気と無礼な馴れ馴れしい雰囲気を混同しない顧客対応が必要とされ、介護サービスにおけるサービスマナー意識を職場全体で高める改革が必要とされているのである。

一人ひとりの職員がサービスマナー意識に芽生え、きちんと丁寧に顧客対応するためにはサービスマナーの徹底を図らなければならないが、多くの介護事業経営者や管理者は「意識改革が先」という誤解をしてしまい、サービスマナーのルール作りをしないまま、中途半端な改革に走って失敗している例が多い。

マナー教育に失敗している職場のほぼ100パーセントが、意識改革を優先順位のトップに挙げて取り組んでいる事業者である。しかし、信賞必罰を伴わない職場のルールを確立させない場所で意識改革などできるわけがない。職員の〝性善説〟を拠り所にするかのような改革は実現しないのである。職員が意識改革するためには、厳粛な職場ルールが存在し、それを厳守しなければ組織の一員として認められないという前提がなければならない。介護事業経営者や管理職は、意識はルールの下に生まれるということを何よりも理解しなければならない。

巷《ちまた》には、「形から入る」という言葉があるが、それはしばしば「本質的な意義を蔑《ないがし》ろにして体裁を繕《つくろ》う」といった意味合いを込めて用いられる場合も多い。しかし、そうしたネガティブな意味合いだけではなく、物事に取り組む際にその意義や内容よりも外見や格好、活動自体を主眼において取り組み始めることによって、主目的が達せられるというポジティブな意味もあることを知るべきだ。そのポジティブな意味合いに少し似ているが、職場改革ではその形を職場のルールとして求め、形を整えながら実質を求める先に、本質にたどり着けるというトップダウンの指揮命令が必要とされるのだ。それが職場という組織の本質である。その本質を蔑《ないがし》ろにしたところに意識改革は生まれない。

私がマナー教育に関わり、その徹底が図られている職場では、利用者に対するサービスマナーを守り、仕事の中でその態度に徹底できる人材が賞され、それができない人間は罰を受け、最終的には職場を去らざるを得ないという過程を必ず経ている。そうした厳しさの無い場所では、意識なんて1000年経っても変わるわけがない。人材不足だから「職員に辞められては困る」という考え方がまずありきの場所で、変化など起きるわけがないのだ。だからこそ、これから10年先やそのずっと先を見据えて安定的に顧客を確保し、介護事業経営を続けていこうと考える経営者は、職員の意識を改革する前に自分の意識を変え、職員の意識が変わるように、厳粛な職場ルール作りをしなければならない。サービスマナーの徹底はその根幹に位置づけるべきものである。

利用者や家族が本当に望んでいる職員の態度とは

長年在宅で親を介護していた子にとって、その親を介護施設に入所させるのには一大決心がいる場合が多い。介護している自分も年を取り、体がしんどくなってきたときに、入所申し込みをしていた特別養護老人ホームに空きができ、自分の親に入所順番が回ってきたからといって、すべての人が喜んで親を施設入所させるわけではない。自分が親の介護を放棄してよいのか、施設に入所させることは親を捨てることと一緒ではないか、施設が本当に信頼できるサービスを提供してくれる保証は無いのではないかなど、思い悩む人は決して少なくない。そんな人たちがやむなく親を施設入所させたときに「心配が杞憂《きゆう》に終わった」と安心できるのは、家にいるときのように介護施設に〝居場所〟を見つけ、我が家のようにくつろいで日常生活を送る親の姿を見たときである。

一方で、親が年下の介護職員からぞんざいな言葉で話しかけられ、子供扱いされている姿に心の中で涙を流したり、悔しがったりしている人も少なくない。そのような人が心の中で失敬な職員に罵声を浴びせながらもじっと我慢をしているのは、「人質にとられている」親が自分の見ていない場所で、いじめにあっては困ると考えるからだ。利用者の家族が本当に安心できるのは、職員のいつも変わらない丁寧な対応と言葉遣いに接したときであり、決して馴れ馴れしい行儀の悪い態度ではないのだ。家族の介護とは一線を画した「介護のプロ」として礼儀ある対応に安心感を持つのである。

そういう介護サービスを創るのが介護事業経営者や管理職の役割であるが、そのためには〝愛情〟というエッセンスが欠かせない。目には見えなく、科学的に説明できないが、「人間愛」を加えた介護サービスを設計する視点が私たちには求められているのである。頭だけで介護事業を考えるのではなく、心からケアの本質を考えたいものだ。

介護を知らない人が介護を殺そうとしている

PART 4

現状悪化に繋がる安易な配置基準緩和策

特別養護老人ホーム（以下、特養）の夜間配置基準は、見守り機器やインカムを活用した安全体制の確保などを前提に従前より緩和されている。それによって、より少ない人数での夜勤業務が可能になったが、この基準緩和をそのまま勤務時間の削減に結び付けようと考える特養では、夜勤時間帯にひとりで60人もの利用者に対応しなければならない時間帯が増えるという皮肉な結果を生んでいる。見守り機器やインカムが手助けしてくれるとでも思っているのだろうか。

通常、グループホームでは夜勤者ひとりが対応する利用者数は9人であるが、新たに3ユニットの場合は2人夜勤を認めるルールが設けられた。しかし、この場合もひとりの夜勤者が担当する利用者数は13・5人に過ぎない。それに比べて特養の夜間配置基準はあまりにも少ないと言える。2人で60人に対応するとしてもひとりで担当する人数は30人なのだから、それだけでも過酷なのに基準緩和でその対応人数が倍の60人とされる時間帯が増えることになるのだ。

要介護3以上の方がほとんどの特養で、夜間にひとりの利用者も動き回らず、寝てくれていれば問題はないのだろうが、そんなことはあり得ない。ひとりの夜勤者が60人の対応をこなすときに何が起こるか考えただけで背筋が寒くなる。安全第一に対応しようとすればすべての利用者におむつの着用を強いることになり、ポータブル介助やトイレ介助までとても手が回らないだろう。おむつが濡れていても、決められた時間だけしか交換せず、しかもその回数は極めて少なくならざるを得ない。体位交換が「なおざり」になることも目に見えている。褥瘡は間違いなく増えるだろう。

しかし、配置基準緩和の影響が検討されていないにもかかわらず、2020年4月に行われた『財政制度分科会』でも、財務省の担当者は介護人材の確保がますます難しくなっていくことを念頭に、さらなる配置基準緩和が「不可欠な取り組み」だと決めつけている。しかし、介護人材不足の原因は「低賃金」と「教育の機会が少ない」こと、そして「休みをとりにくい」ことにある。配置基準緩和策がこの原因を解決する策にはならないことは明白であり、むしろ状況をさらに悪化・助長させる〝愚策〟であると言わざるを得ない。

現在のテクノロジーの水準でさらなる人員配置緩和を主張する人間は、「介護の質は問わない」という〝本音〟を明らかにしなければならない。人がいない状況下では自立支援も暮らしの質も「建前でよい」と正直に述べたうえで議論しなければ、出される結論も荒唐無稽な〝砂上の楼閣〟にならざるを得ない。それは国を亡ぼす議論であり、この国の介護が「殺される」ことになるということだ。

静江さんの折り鶴

PART 5

愛情に満ちた嘘

私が定期的に訪問して職員研修講師を務めている社会福祉法人には、2ユニットのグループホームが併設されている。研修時間の合間、そのグループホームに足を運んで入所している方々とお話ししながら時間を過ごすことも多い。

そこにおられる70代の静江さん（仮名）はいつも明るい色の洋服を着て、化粧も欠かさないおしゃれな方である。まさに、女性にとって化粧は「療法」ではなく、誰かに逢うための「身だしなみ」であり生活習慣であることを、静江さんは証明してくださっている。静江さんと逢うたびに、認知症の人は服装をはじめとした身の回りがだらしなくなるなんていうのも、「思い込み」でしかないことに気づかされる。認知症の症状にも個性があるのだ。

静江さんは直前の出来事を記憶できないし、自分が年を取ったことも理解できていない。だからこそ、心が若々しいのかもしれない。私たちはそのような「見当識障害」を否定するのではなく、若かりし心で生きている静江さんの心に寄り添って、その状態で心の平安が得られるよう支えるだけでよいのではないだろうか。

そんな静江さんには、若いころ病気で長男を失うという哀しい思い出がある。まだ幼かった我が子が不治の病にかかったことを知った時のショックは図り知れない。そして、「奇跡が起きてほしい」との願いも空しく、我が子の命が尽きてしまった時の哀しみと慟哭《どうこく》も察するに余りある。しかし、現在の静江さんは我が子を失ったことを忘れている。自分には病気の子がいて、自分はその子の看病をしなければならないと外に出ようとしたりする。そんな時、職員の方々は「病気は必ず治るから、お医者さんと看護師さんの邪魔にならないように任せておきましょう。静江さんはここで息子さんの病気が治るように祈っていましょう」と言いながら静江を落ち着かせている。

そんな静江さんが、息子さんの病気が治ることを願って千羽鶴を折りはじめてから、すでに3年が経つそうだ。折り鶴の数は数えきれないくらいになったが、その折り鶴が千羽に達したら息子さんが元気に帰ってくると信じて、折り鶴を折り続けている静江さんの姿がそこにある。しかし、そのグループホームの職員は折り鶴の数が千羽に達しそうになったら、そっと折り鶴を少しの数だけ飾りから外して、決して千羽にならないようにしている。千羽になってもなお、息子さんが元気になって帰ってこない時の静江さんのショックを慮《おもんぱか》っての対応策である。

それはある意味、嘘と欺瞞《ぎまん》という批判を受けかねない行為かもしれない。しかし、静江さんはその嘘に気が付かずに、毎日鶴を折り続けている。静江さんはそのことを生きがいのように感じ、息子さんが必ず元気になることを信じることが心の支えになっているように思う。

決して千羽にならない折り鶴を「千羽にしよう」と頑張ることが、病気と闘っている息子と一緒に、見えない何かと戦っている姿に見える。静江さんのその姿は時に神々《こうごう》しくさえある。この「嘘」は静江さんをだましていることにもならないし、小手先の誤魔化しであるという批判には当たらないと思う。

人の心を救うための善意の嘘は、そのことによって不幸になる人やだまされて困る人がいない限り許されるのではないだろうか。愛情に満たされた嘘は、憎しみとか無関心の塊である真実より、大事にされてよいときがあるのではないのだろうか。その法人での私の役割は、「愛のある嘘をつくことが心の負担とならない」ように、愛のある人たちの行動を支持することである。その正しさを言葉と文章にすることによって、そのことが間違っていないと、職員の皆様が自信を持ってくだされば、私の役割は全《まっと》うできるのではないかと考えている。人を相手にした職業において、答えがたったひとつの正論しかないなんてことは、ありえないのだから…。

認知症の人を試すような問いかけは禁物

PART 6

身に着けたい、認知症の基礎知識

認知症の人の記憶障害について、十分理解していない人が介護事業者の職員の中にもいて、認知症の人をひどく傷つけてしまう場合がある。例えば訪問介護員が認知症の方のお宅を訪問するに際して、あいさつ代わりに「私のこと分かりますか」「覚えていますか」と尋ねている姿を時折見かけたりする。介護施設などでも職員がそのような声掛けをする場面にしばしば出くわすが、それは極めて不適切な声掛けである。

なぜなら認知症の人が、親身に世話をする家族や介護職員の顔や名前を覚えられないのは、認知症という症状の中核症状であり、認知症の人自身の性格とか努力といった問題とは何も関係がないからである。記憶障害の程度が認知症の人の存在価値を左右する問題でもないのに、認知症の人の記憶力を確かめてどうしようというのだろう。

そもそも認知症の人が、毎日世話をしてくれる介護職員の顔を覚えていないのは、忘れてしまうからではなく記憶にならないからである。アルツハイマー型認知症の人の脳の画像診断では、ほとんどの人の海馬《かいば》周辺に血流障害が生ずることがわかっている。そのため海馬が機能不全に陥っているのだ。海馬とは、見たり聞いたりしたことをいったんここに貯めて、記憶として信号を送り出す器官である。その機能が不全状態になっているということは、新しく見たり聞いたりしたことを記憶として脳内に残せないということだ。この部分に現代医学は手が届いていない。予防も治療も不可能な部分なのである。

よって認知症のために記憶を保持できない人に対して、自分の顔を忘れないでいてくれと望むのは「ないものねだり」でしかないのである。「私のこと分かりますか」「覚えていますか」と尋ねる人は、そのことで一体何を期待しているのだろう。認知症の症状程度もさまざまだから、介護職員の顔を覚えている人もいる。だからと言ってそれを確認してよいことが何かあるのだろうか。むしろ確認されても、介護職員の顔や名前を記憶できない認知症の人にとってそれはデメリットにしかならない。新しい記憶を保持できない認知症の人はその時、「知らない人がいったい何を言っているのか」「誰かわからない人が、気安く人を馬鹿にしたような声を掛けてくる」「いったい何を言っているんだ。怪しいぞ」という気持ちにしかならない。だからそのような声掛けは、気分を害して混乱を生じさせ、行動・心理症状（ＢＰＳＤ）に繋がるきっかけにしかならないと考えるべきである。

認知症の人を試すような声掛けは、忘れてしまったことをなじるようなものだ。もちろん、本人は忘れた自覚もないので、場合によってそれは、認知症の人を馬鹿にした言葉にしか思えなくなるのは前述したとおりだ。

私が総合施設長を務めていた特別養護老人ホームや通所介護では、こうした声掛けは決して行わないように指導していた。しかし職場でそんなルールを決めなくても、認知症とはどういう症状なのか、記憶障害とはどのように生ずるのかという基本を理解し、認知症の人の記憶を確かめようとすることの無駄とデメリットに気づく人になってほしいと思う。そのためには「日々の学び」が必要不可欠である。認知症の基礎知識をしっかりと身に着けて、そこに人に対する興味と、人に寄せる人間愛というエッセンスを十分に盛り込んで、温かな手を専門知識の上に乗せて差し伸べてほしい。

感情の記憶は海馬を通さないから残される

認知症の人の記憶という部分からアプローチすると、海馬を通さない記憶もあるということも理解してほしい。仕事の手順などの「手続き記憶」は海馬ではなく小脳に残るため、アルツハイマー型認知症の人でも比較的晩期まで残る記憶であると言われている。だから、一家の主婦としての記憶など、残された部分を活用してグループホームなどで家事を行う「生活支援型ケア」の方法は成り立つし、車の運転などの記憶も「手続き記憶」として残りやすいために、自家用車のキーの置き場所を頻繁に忘れる認知症の人でも、車の運転はできてしまうのである。ただし、その運転が適切な方法であるかどうかは別な問題で、自家用車を動かすことはできても、常に正しい運転ができるとは限らず、今日の高齢者ドライバーによる自動車事故の一因にもなっている。それはともかく、小脳に残る記憶には感情の記憶もあることを理解してほしい。

エピソード記憶に障害がある人は、人の顔を覚えることができないために、日ごろ親身に関わってくれる介護職員であっても、毎朝出会った瞬間は「この人は誰だろう」と怪訝《けげん》な顔で介護職員の顔を見るだろう。その時、介護職員が丁寧にあいさつを交わし、丁寧な言葉で目を見て笑顔で話しかけることを続けていると、認知症の人の感情の記憶がよみがえり、「この人は、自分にとって良い人だ」と思えて、昨日や一昨日より時間をかけなくても落ち着いて会話ができるようになるのだ。時間をかけて信頼を得ていけば、そのかけた時間は〝貯金〟のように貯まり、その人が混乱しているときもさして時間をかけずに落ち着いてくれるようになるのである。愛情をかけずにおざなりに対応するだけの時間は、流れ、失われるだけになるが、愛を積めば時間は貯まるのだということを忘れないでほしい。

子供返りしている認知症の人への対応

認知症の人の中には、自分が年を取ったという記憶を無くしてしまっている人がいる。そういう人は鏡に映った自分の年老いた姿を見ても、それが自分だとは認識できずに「知らない誰かがいる」と思い込む。そして鏡に向かって「お前は誰だ」とか、「人の家になぜ勝手に入ってきてるんだ」と怒ったり攻撃的になる人も多い。すると鏡に写る自分の攻撃的な姿を見て、目の前にいる自分の知らない誰かが自分を攻撃しようとしていると思いこみ、鏡にものをぶつけて壊してしまう人もいる。こうした事例は決して少なくない。私も、鏡を幕で覆ってこうした行動・心理症状を防いだ経験を数多く持っている。どちらにしても、年を取ったという記憶をすっぽりと失ってしまい、実年齢より若いと思い込んでいる認知症の人はたくさんいるのは事実だ。

その中には子供の頃に戻っているかのような言動をとる人がいる。いわゆる子供返り・幼児化という現象である。そのような症状を呈する人に対して、介護従事者はどのように接するべきだろうか。相手が子供に返っており、自分は小さな子供だと思っているのだから、介護支援の場でも、介護従事者がその気持ちを尊重して、子供に相対するように接するべきなのだろうか。果たしてそれは、受容というべき態度なのだろうか。

私はそうは思わない。そんな考え方は間違っているし、それは人の心を受容する態度ではなく、相手の状態を深く理解しないまま、自分の狭い価値観や低い見識による間違った考え方であり、不適切な態度だと思う。前述したように、認知症の人であっても、かなり晩期まで失われない記憶があり、何かの拍子にその記憶がよみがえることもあるからだ。特に感情の記憶や手続き記憶は残っているのである。

子供返りしている認知症の人であっても、子供そのものになっているわけではない。ただ記憶の中の「子供のイメージ」に返っているだけであり、そのイメージの中には自分が大人になった後の子供に対して抱いた感情も大きく影響している。そもそも、子供返りしている人に対してきちんとした丁寧な言葉掛けをして、問題が生ずるわけではない。幼児言葉で話しかけないと不穏になることもほとんどあり得ないことだ。

今では幼児・児童教育の現場でも、教育者が命令調の言葉や幼児言葉を使わずに、正しい丁寧な日本語で幼児や児童に接しようという考え方が徐々に浸透してきている。幼児そのものではなく、大人であり人生の先輩である高齢者に向かいあう介護サービスの場で、専門職と言われる介護従事者が、「幼児に話しかけるような言葉遣い」しかできないのは、介護の貧困さを表すものでしかない。

介護を必要とする認知症の人の背中には、その人の歩んできた人生が背負われているのだ。その背中を見つめて、愛《いと》おしく思っている家族も存在するのだ。そうした方々すべてが、私たちの介護支援を受けてよかったと思うことができる介護サービスでなければならない。

自分の親が、認知症になって子供返りしているかのような言動をとるからと言って、日常支援に従事する介護職員までが、自分の親をまるで「子供であるかのように扱う」と言って泣いている家族が何千・何万といる。そうした恥ずべき対応を無くしていかなければ、介護の仕事は誰にでもできる仕事と思われ続けるだろうし、「必要悪」などと罵声を受けることが無くならないのだ。もっと誇り高い仕事を目指してほしい。もっと人を人として敬い、愛おしく思ってほしい。だからこそ、もっと勉強してほしい。勉強して介護実践の根拠となる知識や技術を身に着けてほしい。無知であることは、罪深いことなのである。

「声なき声」が聴こえなくならないように

PART 7

ダメなものは「ダメ」と言える勇気

センスという言葉がある。感覚や感受性、判断力を表す言葉だが、介護にもセンスが求められると思う。センスは目に見えないが、時々センスを感じる人に出会うことがある。センスのある介護者は経験のない若い時にも、いろいろなことに気づくことができる。そんな人に出会うと私自身もうれしい気分になれる。そういう人たちは介護業界にはびこる「介護の常識は世間の非常識」という状態にも気がつく。それを変えようとして頑張って結果を出している人もいる。しかしその異常さに気がついても、そのことを変えられない現状を認識した時に、介護という仕事に絶望し、バーンアウトしてしまう人も多い。それが何より哀しい。バーンアウトしないために自分のセンスに蓋をしてしまう人もいる。

「哀しい」「苦しい」「助けて」という利用者の「声なき声」が聴こえていた人が、いつの間にかその声を聴かないようにして心の耳を塞いでしまった時、声なき声どころか実際にそこで発している悲痛な声さえも聴かなくなってしまう。その時、あんなに希望に燃えて就いた介護の仕事に、夢破れ、疲れ、惰性でしか仕事ができず、おもしろくない仕事をこなしながら毎日を送るだけの人になる。それで良いのだろうか…。

世間一般の非常識が介護では常識とされる一例として、日常的に「行列」を簡単に作ってしまうということがある。1日のうちに必ず1回以上は行列に並ばなければ日常生活が送れないという、とんでもない介護施設もある。入浴支援を受けるために脱衣所にたどり着く前に1時間近く行列に並ばなければならないこともそのひとつだ。トイレ介助と称して、トイレにたどり着く前に廊下に並ばされ、何十分も放置される行列も存在する。そんな行列に並ばされている人の中には、並んでいる最中に失禁してしまい、トイレが「排泄」する場所ではなく失禁の後始末の場所に成り代わってしまっているケースもある。

廊下に毎日のように並ばされている人であっても、そのことに決して慣れることはない。行列に並んでいる間はいつも不満で、いつも不安だ。そうした行列は人間と人間の間の隙間をなるべく無くすがごとく、前の人のすぐ後ろに並ばされるから、並んでいる人の顔のすぐ近くに、前に並んでいる人の車いすの背もたれがあるという状態になる。その圧迫感はほとんどの人にとってかなりのストレスだ。だから普段車いすを自走できない人も、そんな行列から脱しようとして、車いすのタイヤを手でつかんで動かそうとする。そうするとその姿を見かけた介護職員が、「危ないから動いちゃダメ!!」とスピーチロックという暴挙に出る。それは行動制限そのものだ。行列をつくること自体が問題だが、その行列も少しでも動いたらぶつかるくらいの近さに人と人を並べ、そのまま放置しているあなたたちの行為そのものが危険なのだと言いたくなる。行列に並んでいる人は並んでいる理由も分からず、いつまで並ばされるかも分からないから、不安が助長される。だから、「誰か助けてください」「私何をしたらよいのですか」と叫ぶことになる。

そもそも介護サービスの場で作られる強制的な行列に並ばされている人が、全員おとなしく並んでいられるわけがない。行列を作る全国の介護事業所で利用者が悲痛な声を挙げ続けている。そのことにストレスを感じている介護職員も多いはずだ。しかし、その原因である行列を無くす方法がわからなかったり、行列を無くして利用者の「助けて」という声が出ないようにしようとする思いが伝わらない現場で、そうした職員は自らの心の耳を塞いでしまう。声なき声が聴こえていた人が、心を閉じて、声になっている悲痛な叫びさえ聴かない人になる。その時、介護事業者は〝冷たい箱〟にしか過ぎなくなり、苦悩を包み隠すブラックボックスにしか過ぎなくなる。そうしてはならないのだ。

「介護の常識が世間の非常識」と気がついたら、それを変えなければならない。変えようとした時に必ず抵抗勢力にぶつかり、何度も跳ね返されるだろう。しかしあきらめてはならないのである。大事なことは「ダメなものはダメ」と言う勇気であり、良い方向に変えようとする情熱である。しかし、一度や二度の失敗で消える思いを情熱とは言わない。それは単なる気まぐれである。

利用者の声なき声を聴き続けるためには何が必要なのだろう。大切なのは与えられた才能ではなく、あり余る好奇心だ。それこそが専門家を突き動かす。そこに知性というエッセンスを加えることが大事だ。知性とは、生業《なりわい》や人にひけらかすために身に着けるものではない。困難に直面した時に、どう立ち向かうべきかを教えてくれるのが知性だ。知識への欲求を捨て、日々同じことを繰り返す人生に意味はない。

勤勉、真摯、謙虚、そして器の大きさ、それらのどれが欠けても人の暮らしに寄り添う資格は無い。売名、不遜、おごり、どれかひとつでも潜んでいれば、知識や技術も人を裏切る。私たちに求められていることは、見えない涙や声なき声を見失わず、介護の現場で小さな勇気をもって「利用者本位」の本質を考え続けることだと思う。青臭いと言われようが何だろうが、その一念に優る情熱はない。

「見て見ぬふり」をしない介護でありたい

PART 8

目に見えないものを感じ取る

「見て見ぬふりをする」とは他人の不正や不誠実な行いを咎《とが》めず、見過ごすことを指すが、人生を生きる中で「見て見ぬふりをする」ことは決して少なくない。その行為を「無かったもの」と思い込むために「見なかったことにする」こともある。それが対人援助の場だったとしたら、それは見たくはない〝何か〟が行われていることであり、「現実になってほしくない」状況がそこにあるということだ。もしかしたら、それは利用者の哀しい姿かもしれない。

おむつが濡れていることが明らかで、気持ち悪さを訴えているにもかかわらず時間にならないとおむつを交換しないという状況であったり、第3者がいないかと、利用者を小ばかにしたり、なじったりする言動や陰口が日常化している職場環境を見過ごしていないだろうか。食事介助を行いながら、利用者を無視するかのように、職員同士で仕事とは全く関係のない会話を交わし、流れ作業のような介護業務に終始する中で、感情を無視され、機械的に扱われる利用者の姿に目をつぶり、見ようとしないで〝無いもの〟と思い込んでいないだろうか。

「介護を受ける」とは、恥ずかしい部分をさらけ出して自らの身体を他人に委ねることだ。だから、私たちは利用者の羞恥心《しゅうちしん》にも心を寄せなければならないし、目に見えないものも感じ取るスキルが求められるのだ。ましてや、目に見えているものから目を背けて「見て見ぬふりをする」ことは決して許されないのである。

変える覚悟が職場を変える

顧問やコンサルタント・外部講師として関わっている介護施設のひとつで、職員の虐待が明らかになったことがある。そこでは以前から施設長の独善的な方針と態度によって、やる気を失った職員の間に不平・不満が広がっていた。一時期、退職者も大幅に増えたが欠員補充もままならずに、慢性的に職員不足・業務過多という状況にも陥《おちい》っていたが、経営者である理事長の「覚悟」と「英断」が、状況を大きく変えていくことになった。

まず、施設長や管理職などを大幅に刷新したうえで外部の専門家とアドバイザー契約を交わし、経営刷新と現場改革に取り組んだ。また、少ない職員がさらに辞めていくのを恐れて十分な教育上の注意・指導ができなかった風潮を改め、法人としての方針を明確にしたうえで、それに従えない従業員は辞めてもらうことにした。加えて、介護マニュアルの見直しから始まり、スタッフ間の業務分掌《ぎょうむぶんしょう》の明確化、コミュニケーションの徹底、サービスマナーの確立などの課題解決に取り組んだ。そのため職員数が大幅に減った時期があり、新規利用者の受け入れもできない状態となり、指定ベッド数の補充率が7割を切り、ショートステイも休止せざるを得ない厳しい経営状態に陥る時もあったが、改革をあきらめずに続けたことが、職員の充足率の改善にも結びついていった。

昨年度の退職者は寿退職が1名のみ。補充採用もすでに終え、出産育児休業者が数名いるものの復職意思が強いと言う。もちろんベッド稼働率は入院者を除いて100%だが、何より変わったのは職員のモチベーションである。今いる職員の半数以上は虐待事件が起きた当時のことを知らないが、職員一人ひとりの表情が豊かで、笑顔も多く見られる。以前は上司の呼びかけに返事を返すことなく、殺伐とした空気の中でいくつもの小さな仲良し集団に分かれ他のグループとはまともな会話も交わさず、業務が〝流れ作業〟のように行われていた。今は同じ施設とは思えない雰囲気に変わったのである。

この施設では年に1回だけ『サービスマナー研修』を行っているが、それも今では実行していることを「確認する」レベルでしかない。職員間に〝マナー意識〟が確立されているのだ。しかし、ここまで来るのには約5年という年月を要している。流れが良い方向に向いていることが実感できるようになったのも、改革を始めて1年半あまり過ぎたころだったと思う。一旦荒れた職場を元に戻し、それ以上に引き上げていくには時間とエネルギーが必要になるということだ。

現在は健全な状態の職場であっても、常に「検証」と「メンテナンス」を欠かしてはならない。マンネリズムは転落の大きな落とし穴になり、言葉や態度のちょっとした乱れが大きな感覚麻痺を生む。だから、介護サービスの「*割れ窓理論」は常に意識の内に置いておかねばならない。健全なる職場環境は常に改良を続けていくことでしか保持できないことを知ってほしい。

＊割れ窓理論……窓ガラスを割れたままにしておくと、その建物は十分に管理されていないと認識されて周りにごみが捨てられ、やがてその建物がある地域全体の環境は悪化し、凶悪犯罪が多発するようになるという「犯罪理論」。アメリカの心理学者ジョージ・ケリングが発案した。介護サービスの割れ窓理論は、この理論を参考として、利用者に対する言葉遣いの乱れが、介護サービスの割れ窓となり、それを放置しておくと、介護の質が低下し、不適切サービスが虐待に繋がりかねないという理論。

人間尊重の価値前提を学べる介護事業にしよう

PART 9

他者の尊厳を護る態度とは

日本人にとって大切な暦の行事や風習。介護事業においても利用者の皆様に季節を感じてもらうサービスを提供することは大事だ。居住系施設でも毎年いろいろな年中行事が行われる。だが、そこで行われている中身が問題だ。高齢者施設は〝大人〟が住まう場所であるにもかかわらず、そこで行われるイベントが「チーチーパッパ」の世界になってどうするというのか。施設に地域の子供たちが訪ねてきて、唄や踊りを披露するのは良いだろう。それを利用者が楽しんでいることに、何も文句をつけるつもりはない。しかし、クリスマスの行事を鑑賞している高齢者の姿が問題なのだ。サンタの赤い帽子をかぶっているのはまだしも、中にはクリスマスツリーの飾り物を頭に載せている人がいたり、トナカイの角のようなものを頭に載せている姿もある。どの家庭で高齢者が頭にツリーの飾りや角を載せているというのか。そんな下品な格好をさせることは、高齢者の方々を幼児化し馬鹿にした目線にしか思えない。

そこで楽しんでいるのは利用者ではなく、その利用者を見て「可愛い〜！」と茶化す自分自身だと疑ったことはないのだろうか。さまざまな行事を楽しむ高齢者の中には認知症が進み幼児化した言動をとる人も存在するだろう。だからと言って介護従事者がその人を〝幼児扱い〟していいということにはならない。

そもそもそこにいる高齢者の背後にはその方々を愛しく思う家族や親せき、友人たちがいることも忘れてはならない。その方たちが「自分の家族がきちんと護られている」と感じる職員の姿とは、職員が馴れ馴れしく接し子供のように〝可愛がる〟ことでは無いのだ。職員が大事な父や母、祖父や祖母を大切に思ってくれ、ひとりの人間として尊厳や権利をきちんと護ってくれていると感じることが、家族にとって最大の安心感につながるのである。

魂を「鬼」に変えないために

若い職員が自分の親を子供扱いし茶化すような姿勢を感じた時、家族は陰で絶望感を味わい、どこにも吐き出すことができない〝やるせなさ〟に身を震わせることになる。SNSからも多くの悲痛な声が聞こえてくる。「入浴後、介護施設のベッドの上で、バスタオル一枚だけをかけられて放置されていた母は震えて顔をゆがめていました。看護師さんは何も感じないのでしょうか。激怒している内心を隠し、何も言えずに帰りました」「おいで、おいではないでしょう。犬じゃないんだから」「〝ちゃん付け〟はやめてほしい。きちんと〝さん付け〟で呼んでほしい」。しかし、肉親を人質にとられているに等しい家族にとって、これらの悲痛な声を直接サービス提供者に投げかけるのは難しく、なかなか表面化しないのが実情だ。

「魂《たましい》」という文字は人の心根《こころね》を表す文字であり、「それなしではそのものがありえないくらい大事なもの」という意味の言葉だが、「云《い》う」という文字があって初めて成り立つ文字である。云は「言」と同じだが、ここからそれが無くなったとしたら魂という文字は「鬼」という文字に変わってしまうのだ。だからこそ、何かの行事の時にそれは「大人にさせてよい行為か」どうかを確認しあってほしい。お互いにおかしなことは「おかしい」と云いあう勇気を失わないでほしい。〝鬼の心〟で利用者の方々を扱う結果にならないために。そして、高齢者の方々が人として大事なものを失うことの無いように、「傍らに居させてもらっている」ということを忘れないでほしい。

私たちが決して無くしてはならないのは人間尊重の「価値前提」である。人間尊重とは「何を持っている」とか「何ができる」ということにかかわらず、「ただ人として存在していることに価値がある」という人間観であり、対人援助の場では利用者が尊厳を失わないように関わることである。その〝関わり〟には極めて積極的な姿勢で取り組む必要があり、尊厳を奪うような要素を少しでも残さない「ソーシャルアクション」が求められる。

言葉から受け止める感覚は時代とともに変わるかもしれないが、介護の現場で仕事として関わる人生の大先輩に対して「可愛い」と感じたり、「可愛いね」などと声を掛けることの弊害を思わずにいられない。そのひと言が人間としての尊厳を奪うような言動に結びつく恐れがあるからだ。

対人援助者は利用者を愛《いつく》しみ、大切に思うことが何よりも求められる。人間として、その存在価値や尊厳は私たちと変わらないことを前提にして関わる必要があるのだ。私たちは小さいもの・弱いものを手助けするのではない。不便がある人の不便を解消するお手伝いをする仕事をしているのだ。それは困っている人に手を差し伸べるという、人としてごく当たり前の行いにしか過ぎないが、そこに専門知識と専門技術を添えてより効果的に、より適切に課題解決に結び付けるのが私たちの仕事なのである。そうした、介護のプロと自任する人が自分より年上の高齢者の方々に向かって、「可愛い」という言葉を掛けることはもとより、可愛いという感情を抱くことさえも不適切であると思う。

人は必ず心の中に〝弱さ〟を持っており、時として周りの環境の影響を受けて惰性に流されやすいものだ。だからこそ、対人援助に関わる者は自分を律して人権意識を奪う要素を排除することを意識し、そうした姿勢でしか護られないものがあることを理解しなければならない。特に管理職という立場の人たちが先頭に立って、介護の場で利用者を「可愛い」と言いながら仕事をしているスタッフに、それがいかに恥ずべき態度であるかを伝え、指導してほしい。そうして職場を変えていってほしい。でなければ、誰の尊敬も勝ち取れないに違いない。

悪しき伝統は強権で介入しない限り無くならない

職場にはそれぞれ、代々受け継がれていく有形無形の伝統がある。しかしそれがすべて価値のある伝統とは限らず、無くさなければならない「悪しき伝統」も数多い。介護事業者の伝統も同じである。措置時代のルールを受け継ぎ、何十年も続く運営基準に胡坐《あぐら》をかいていてはならない。そこで死ぬまで暮らすかもしれない人の入浴支援を週2回にしておけば、「それが豊かな暮らしだ」と勘違いした考え方を是正しようとしない伝統もある。しかし、そう考えている人の多くは、毎日朝と晩にシャワーを浴び、毎日入浴している人も多いと思う。そのような人が自分の暮らしと自分が支援している人の暮らしぶりに大きな差があることに対して何の疑問を感じないばかりか、職場でその是非を議論さえしないことも「悪しき伝統」と言ってよいだろう。

そうした悪しき伝統の中でも一番厄介なのが、利用者を「子供扱いする」かのような職員対応の伝統である。タメ口は目上から目下に対して使う「失礼な言葉遣い」であることを理解せず、馴れ馴れしい言葉や態度で利用者に接することが「家庭的な対応」であり「関係性が構築できる」といった訳のわからない理屈を正当化する伝統を持つ場所には、必ずそうした対応に泣かされている利用者が存在している。家族ではない他人が、介護支援の場で利用者にかかわるときに必要なのは、介護のプロとしての態度なのだ。決して家族と同じ〝遠慮ない〟態度が求められているわけではないのだ。信頼のおける介護知識と技術に基づいた接遇が、一番求められる態度なのである。

介護で「関係性」が大事だと言われるが、私たちが利用者と結ぶ関係性は家族関係ではなく、従業員あるいはサービス提供者と顧客という関係でしかない。そこでは顧客に対して失礼のない態度、お客様が喜んで受け入れてくれる感じの良い態度が求められるのであって、無礼で馴れ馴れしいタメ口や過度なボディタッチが求められているわけではない。しかし、利用者に「上から目線」で接したり、過度に馴れ馴れしい態度で接する〝悪しき伝統〟にメスを入れ、新しい風を吹き込むことは容易ではない。悪しき伝統であってもそれが受け継がれ普通になってしまっている場所では、「悪しきこと」であることに気がつかなくなっているからである。

人間はどちらかと言えば〝保守的〟だから、現状を変えようとするときには必ず保守勢力の強い抵抗が生まれる。これを打破するのは容易ではなく、経営者や管理職の強い覚悟と介入が不可欠だ。一定の期間を示して、態度を改めない人や職場のルールに従わない人は役職から降ろし、昇給をストップするなどのペナルティを与えなければならない。性善説で旗を振れば「何とかなるだろう」という考え方が最もダメなのだ。

しかし、保守的で態度を改めない人は放っておいて、新人をきちんと教育して

「伝統を変えたい」と思っても、それは無理難題というものだ。経験年数の長い先輩職員に巻き込まれず、新人が力強く「改革の旗手」になることはほぼ〝奇跡〟に近い。奇跡を起こそうとする人はいじめや嫌がらせによって「つぶれていく」のが〝落ち〟だろう。だからこそ、先輩が新人の手本になるように、強権で経営者や管理職が現状に介入し、今いる職員の意識や態度を変え、変えられない人は排除する必要があるのだ。そうでない限り、理想とする職場などできるわけがない。

悪しき伝統に強権で介入できない経営者や管理職が抱く理想は〝幻想〟でしかない。目指すゴールにたどり着くために、覚悟を持って「強権介入も辞さない」とする人の理想だけが、やがては実現可能な理念になっていくのである。経営者や管理職の権限とは、そうした方向に振るわなければならず、職員を「恫喝《どうかつ》する」だけの経営者や管理職はその〝器《うつわ》〟に無いと言うべきである。それは、経営者や管理職として恥ずかしいだけではなく、人として恥ずべき姿である。

介護サービスの場は「学校」ではない

PART 10

日々、求められる結果責任

仕事を通じて学びを得ることは良いことだ。日々の業務の中で自己の成長を目指して悪いわけがない。そもそも実践技術は座学で学び取った方法論を実践し、それを積み重ねることでしか習熟できないのだから、実践の場が同時にスキルアップの場になるということは当然と言えば当然のことである。だからこそ「日々勉強」という気持ちを失ってはならないのだ。限りなく、永遠に自己成長はあり得るのだと信じ続けることも大事だろう。

だが「介護実践の場は学校ではない」という自覚も一方では必要だ。利用者から学ぶことは大事だが、学んだことを即、結果に結び付けなければならないのである。「利用者から学ぶ」という言葉に逃げている人はいないだろうか。己《おのれ》の仕事のパフォーマンスが上がらない逃げ道に、日々勉強という言葉を使っていないだろうか。利用者はお客様であって、決して〝教材〟ではないのだ。

介護支援の場で生活の糧を得ている以上、利用者の利益に繋がる「結果」を出さなければならない。己のパフォーマンスを高めて、勉強した結果を残していかなければならない。対人援助は利用者の感情に毎日寄り添う職業なのだから、完全無欠の結果にはたどり着かないのかもしれないが、お客様の満足度を日々高めていくための学びや努力は必要不可欠だ。

しかし、何かしらの失敗を繰り返しながら、「学んでいるから」などと〝言い訳〟をしたとしたら、それを受け入れてくれる利用者はいるだろうか。利用者は自分の暮らしぶりが良くなることを望んでサービスを利用しているのであって、自分を〝踏み台〟にして支援者がスキルアップすることを望んでいるわけではない。

自信を持つことで、傲慢になることを防ぐことができるなら、学ぶ気持ちを常に持ち続けることは良いことだと思う。登った山の先にはもっと高い山があり、そこに向かって学び続ける真摯《しんし》な姿勢は大事にしたい。だが、それを前面に出してしまうのは、つまずく前に言い訳を考えているような姿勢に見えてならない。利用者に対して不安を与えないためにも、日々勉強という気持ちは胸にしまっておくべきである。

対人援助とは、誰かの暮らしに日々深く介入していくことでもある。だから、一日一日結果責任が求められることを忘れてはならない。「頑張った」「頑張っている」という経過は支援者にとって意味があるとしても、顧客である利用者には何の意味のない。「頑張ったけど結果が出なくてごめんなさい」と言って許してくれるほど利用者は優しくはない。そんな甘えた気持ちは許されないのだ。頑張ることは当然であり、結果を出し続けることが求められる。それが介護支援のプロとしての責任であり、使命である。

何が介護福祉士の資格価値を貶めているのか

PART 11

増やしたい介護福祉士

介護福祉士の資格取得に関連して、介護福祉士養成校卒業生は国家試験を受けなくとも介護福祉士の資格を取得できることになっているが、その養成校ルートにも２０２２年度から国家試験合格を義務付けることになっていた。そのため２０１７年度から２０２１年度までの５年間はその猶予期間とし、この間に介護福祉士養成校を卒業した人について、５年の間に国家試験に合格して資格を得るか、５年間続けて介護実務に従事すれば国家試験をクリアしなくても資格を与えるルールとし、その経過措置を経て国家試験合格義務化は２０２２年度から完全に義務化される予定になっていたのである。しかしこの国家試験義務化が２０２６年度まで延長されることになった。その背景には介護人材不足がある。

介護業界の人材不足対策として、２０１７年９月から外国人の新たな在留資格が創設され、養成校を出て介護福祉士になれば日本で長く働ける環境が整えられた。その結果、介護福祉士養成校に入学する外国人留学生の数が２０１９年度には前年度の倍となり、全体の約3割を占めるという状態が生まれた。しかし、養成校ルートに対する国家試験の合格義務化は日本語スキルが乏しい外国人留学生には極めてハードルが高く、サービスの担い手を量的に確保していく観点から「デメリットが大きい」と、見直し意見が出された。

2019年10月31日かれた自由民主党の社会保障制度調査会・介護委員会では全国老人福祉施設協議会をはじめ全国老人保健施設協会、日本介護福祉士養成施設協会、全国社会福祉協議会などの関係団体から実施延期の賛成意見が示され、国会議員からの異論も出なかったことから、養成校ルートの国試義務化は先送りされたのである。

しかし、日本介護福祉士会だけが「介護福祉士の資格の価値を落とす。人材確保は処遇の改善、それに伴う社会的な評価の向上こそ本質的な改善策のはずだ」として、義務化延期に反対を唱えていた。しかし、養成校ルートにおける国家試験の義務化によって、介護福祉士という資格に対する社会的認知度が高まって、待遇が改善し人材確保に繋がるという主張はやや説得力に欠けると思う。

それよりも介護福祉士の絶対数を確保する方が人材対策としては有効ではないだろうか。今のところ日本人の生産年齢人口減少を短期的に改善する手当や政策が見当たらない中、外国人がより介護サービスの場に張り付きやすく、定着しやすい環境を作ることが介護人材不足を補う対策としては有効であることは間違いないと思う。

プロ意識に徹しない限り明るい未来はない

介護事業経営者の立場から考えると、従業員の〝質〟は資格によって左右されるものではないことは明確である。資格取得過程がどのようなルールになろうとも人材をきちんと見極めて選べば良いだけの話であり、国家試験義務化の先送りに対してデメリットは何も感じない。むしろ、義務化によって介護福祉士資格を新たに取得する人の数が減り、『サービス提供体制強化加算』などの加算算定に負《ふ》の影響が生ずることを考えれば、義務化延長を歓迎する介護事業経営者が多いのではないだろうか。

そもそも介護福祉士の資格の価値を落としている本質は何か。世間一般的にはほとんどの人は介護福祉士の資格取得のルートを知らないし、関心のある人もいないだろう。ましてや国家試験に合格しなくても養成校を卒業さえすれば取れる資格だということを知っている人も少ない。しかし、介護福祉士の資格の価値が看護師と比較して「低い」と考えている人が多いことは事実だ。その理由の最たるものは、介護福祉士が「業務独占資格」ではないということだろう。

介護福祉士でなければできない職業も業務も存在しないのだ。しかし、看護師はそうではない。この点が専門性という点で大きく違うのである。食事介助や排泄介助、移動介助は誰でもできるし、誰がやってもいい。これらの行為を行うに当たって介護福祉士の資格は不要であり、特別な教育を受ける必要もない。そこに専門性を付け加えるのであれば、誰が見ても無資格者とは違うと感じられる〝一線〟がなければならない。心身に障害を持つ人に対して、家族にできることと同じ行為しかできないとすれば、そんな資格に価値を見出せるだろうか。「タメ口」で利用者に接する介護福祉士にプロ意識を感じ取ることはできるだろうか。

誰もができる行為でお金を稼ぐ仕事であるからこそ、資格のない人との差別化を図らなければならない。だから、介護の有資格者という「プロ意識」をもっと前面に出し、プロとしてサービスマナーに徹した仕事を行うべきではないのか。介護福祉士という資格の価値を貶《おとし》めているものは、「プロ意識に徹しない」介護福祉士の存在そのものではないだろうか。そこを改革しない限り介護福祉士の資格価値など上がるわけがないのである。

交錯する自立支援の本音と建前

PART 12

高齢者に「自立」を促す矛盾

介護保険制度の理念のひとつに「自立支援」がある。その実現こそ超高齢社会が続く我が国にとって最も必要なことであるかのように言われ、「科学的介護」も自立支援を効率的に進める方法として、その実現が強く叫ばれている。

その背景には、毎日2000人以上の割合で高齢者が増え続けているという問題がある。日本社会の「老い」は確実に加速しているのだ。この流れを止めるためには出生率の改善を待たなければならないが、それには長い年月を必要とするだろう。その間、社会が活力を失わないためにはどうすればよいのか。高齢になっても〝元気な人〟を数多く創り出そうとしているのはそのためだ。それは社会が老いることによって生ずる、「社会コスト」を減らすために必要な政策であるとも考えられている。高齢者にも自立を促して、できるだけ国全体の老いをカバーしようというのだ。しかし、人間の生理は止められない。そんな政策には限界があるし、無理があることは明白だろう。

人の細胞の死滅を防ぐ手立てがない限り、社会の老いを止めることはできない。社会の老いに伴って増える後期高齢者がいつまでも自立した生活を続けられるなど、夢のまた夢である。介護保険制度が理念にしている自立支援も官僚の自己満足かアリバイ作りの意味しかなく、社会的な若返り効果には全く繋がらない〝妄想〟だ。20歳の時にマラソンランナーだった人なら、65歳になっても42・１９５キロを3時間程度で走れるだろうと決めつけ、それを強要させるようなものだ。それは無理難題というより、荒唐無稽《こうとうむけい》に等しい。それなのに要介護高齢者の一番の課題と目標が「自立」であると言う。なぜ、この矛盾に気づかない人が多いのだろうか。

この問いかけに反論する人がいる。「いや、介護保険法が目指す自立支援とは身体機能の維持・向上という狭い概念ではなく、高齢者のニーズに沿った暮らし、希望する暮らしを実現するために必要な社会資源を最大限有効に結び付けようとするもので、生活の質にも着目しているのだ」、と。嘘を言うな。騙されるもんか。そう言いつつ介護報酬改定の方向性は、年々各種サービスに医学的リハビリテーション・エクササイズを求めるものとなっているではないか。外部の医学的リハビリテーション専門家の介入を加算対象とし、その適用サービスを改定のたびに広げているではないか。

「建前」と化している自立支援の定義

通所介護は、機能維持と改善の効果が出やすい要支援者にはサービスを利用させないようにした上で（要支援者の通所介護の地域支援事業化は2017年度までに、すべての市町村で完全実施された）、要介護者に対しては『*バーセルインデックス値』を測定して国に報告することを促し、その数値が悪かったらわずかな単位の加算さえも与えないようにしたのが、2018年に新設された『ADL維持等加算』である。2021年度の報酬改定においてはこの加算単位を引き上げたうえで加算対象サービスを特定施設・特別養護老人ホームなどの福祉系サービス全般に広げた。そこでは身体機能に特化した数値報告が求められている。

つまり、「身体機能の維持改善に特化したものではない」という介護保険の自立支援の〝定義〟そのものがすでに「建前」と化しており、実際は身体機能の医学的改善に特化されているのだ。にもかかわらず、地域包括ケア研究会報告書（平成30年度）には「今までできていた生活動作などができなくなっても、本人の意思決定のもとに行われる自分らしい生活を支援する取り組みが自立支援である」と書いてある。しかし、本人が希望しても「あなたは要支援者だから、介護給付サービスは受けられません」と言われ、「市町村のサービスしか利用できないあなたは、市町村の決め事の中でしかサービスを利用できません」と言われる。それが地域包括ケアシステムの本当の姿だとしたら、まさに「まやかしの自立支援」ではないだろうか。

＊バーセルインデックス値……バーセルインデックス(Barthel Index: BI)とは食事や着替え、歩行などの日常生活の能力を評価する検査方法で、介護現場や病院で利用者や患者のADLを評価するために使われる。評価項目は食事、移乗、整容、トイレ、入浴、歩行（移動）、階段昇降、更衣、排泄、排尿の全10項目で構成され、各項目を自立度に応じて15点、10点、5点、0点で採点する。100点満点を全自立、60点を部分自立、40点を大部分介助、0点を全介とするのが一般的で、85点以上を自立とする。

ケアマネジメントの標準化を企むものたち

PART 13

「品質」の標準化に繋がらないケアマネジメントの標準化

介護支援専門員の社会的認知度を高めるためには、「ケアマネジメントの標準化」が何よりも大事だという人がいる。しかし、それは危険な発想だと思う。特に居宅介護支援事業所のケアマネジメントはスケジュール調整が主で、個々のサービス内容は居宅サービス事業所の計画によって決定されるのだから、そのことを無視して居宅ケアマネジメントを標準化させようとすると、サービスの標準化には繋がらず、標準ではないとされたサービスを排除させるだけの「給付抑制プラン」が増えることになるだけだ。そうした画一的なプランがスタンダードとされる可能性が高くなる。介護支援専門員の価値観だけで測ることができない「個々の暮らし」にアプローチすべきケアマネジメントに、そもそも「標準化」が必要なのかどうか。ここの議論が足りていない。

それにしても官僚と学者の『標準化必要論』を闇雲《やみくも》に受け入れるケアマネジャー

ばかりなのはどうしたことか。役人はシステムと基準づくりに躍起となる傾向が強い。それに〝乗っかって〟いれば責任を取らなくて済むからだ。人の暮らしには何が重要なのかが分かっておらず、そのことを考えようともしない無責任な役人は、法の条文や通達の文面だけをなぞって、それを闇雲に実行しようとする。そして前例だけを重視するようになる。いわゆる「お役所仕事」である。それは疲弊した役所のシステムだ。

本当に有能な人材は、そのような疲弊したシステムを必要としない。有効なシステムというのは、原則を大切にした即応性のある柔軟なものである。人の暮らしに関わるケアマネジメントは通達の文面も無効だし、前例など何の役にも立たない。それが「標準化」という発想で、限りなくお役所仕事の側に手繰《たぐ》り寄せられる方法であることに誰も気がつかないのはなぜだろう。

それにも増して悪質なのはケアマネジメント標準化の推進者の中に大学の教授・准教授という肩書を持つ学者が加わり、標準化への伝導役という「利権」を得ようとしていることだ。それはケアマネジメントを〝人質〟にして、自分の〝懐〟を温めようとする腹黒い企みに他ならない。そうではないとしても、この標準化論に乗っている学者は無能で無責任な役人に踊らされているだけの存在でしかない。「恥を知るべき」である。

計り知れない標準化の弊害

確かに現行のケアマネジメントが批判される大きな理由のひとつに、「質の差」があることは間違いない。居宅介護支援を例にするならば、利用者支援の〝達人〟と言えるような素晴らしい仕事をしている介護支援専門員が存在する一方で、自分が計画したサービスプランが絶対であり、それに異を唱える利用者は排除する介護支援専門員がいるのも事実だろう。そういう人に限って、支援効果としての「利用者の生活の質」はほとんど上がらず、自社のサービスに利用者を囲い込むだけの結果しか残していない傾向が強い。

この「質の差」はケアマネジメント以前に、介護支援専門員自身の「スキルの差」ではないかと思う。「人間力の差」と言い換えてもいい。この差を埋めようとしても、それはケアマネジメントの手法で「どうにかできる」問題ではなく、介護支援専門員の資格取得過程そのものを見直す必要があるのではないかと思う。

この大きなスキルの差を放置したままで、ケアマネジメントの手法だけを標準化した先に起こることは何だろう。標準化された方法なりツールなりが絶対視されることで、「その方法でケアプランを立てておりさえすればよい」という安易な考えに陥る介護支援専門員を増やす結果しか生まないのではないだろうか。そして、利用者がサービスを使った後の感想や評価、ニーズは「我がまま」だと無視されてしまう。

そういう意味でケアマネジメントの標準化は〝達人ケアマネ〟が淘汰されてしまう危険性をはらんでいると言えよう。仕事のできる介護支援専門員が標準化の犠牲となって、「そんなに頑張ってはだめだ」とばかりに〝烙印〟まで押されかねない。それが市町村の『インセンティブ交付金』の見直し論と絡《から》めて、ケアプランのチェック強化による給付抑制と巧妙にリンクして行われるとしたら、標準化がもたらす弊害は計り知れない。ここに気がついている人は果たしてどれだけいるだろうか。

標準化を勧める学者は、当然このことを分かっているはずだ。分かっていながら「手を貸している」としか思えない。こんな連中の〝悪だくみ〟に乗せられて、介護支援専門員の立場や役割が規定されて良いのだろうか。標準化論によってケアマネジメントの質が一定以上に担保されるわけがないし、介護保険制度そのものが良くなるわけでもない。ケアマネ業務に従事している人たちはそのことをしっかりと理解し、それぞれのステージでアクションを起こしてほしい。

その時々の国の〝都合〟だけで、ケアマネジメントの在り方も都合よく変えられることがあってはならない。そして、介護支援専門員は国の都合に合わせて制度を運用する人ではなく、制度の光を一人ひとりの地域住民に届ける役割を持つ専門家であることも忘れてはならない。

叱ると辞めてしまう人は いらない人

PART 14

叱ることは人間的成長を期待すること

介護人材確保が経営課題となっている今日、今いる従業員が辞めてしまうことは大きな痛手だと思っている経営者が多い。もちろん、事業者にとって誰にも替え難い人材が辞めてしまうのは人材流出でしかなく大問題であるし、人材不足の解決のためには職員の定着率向上が大きな課題であることは今更言うまでもない。

だからと言って人物評価をおろそかにして、「誰でもよい」と闇雲《やみくも》に採用すればよいということにはならない。また、採用時の評価が完璧で間違いのない事業所など無いのだから、採用後の〝ふるい分け〟が必要無いということにもならない。期待していた能力が入社後には全く発揮されず、担当業務をいくつか変えても勤務成績が上がらないという人は必ず出てくるのだ。そういう人物については試用期間中に適格性を判断し、合理的理由による「解約権」を行使する必要がある。

対人援助サービスに向かないスキルの低い人間を、有りもしない将来の教育効果を期待して残しておくことは、結果的に他の職員に負担がかかるだけではなく、虐待・不適切事例の主人公となる人物を残しておくことになりかねず、経営リスクに直結する恐れがあるからである。よって、試用期間中は人物をしっかりと見極めるための厳しい教育訓練が不可欠であり、根拠にも基づく援助技術指導に対する教育効果が十分に表れない場合には、「叱る」という教育的指導も必要になるのである。そうした中で簡単に辞めていく職員は、将来事業者にとって必要な人材にはならないのだから、「辞めてもらってよい人だ」という割り切りが必要だ。そうした早期離職を恐れて叱ることができないのでは、教育は有って無きがごとき状態に陥ってしまう。そういう事業者に良い人材が集まることはないし、人材不足も永遠に解決しない。

そもそも叱るとは、「良い方向へ導こうとする」という意味を持つもので、教育的指導を表す言葉である。腹を立てて感情的に怒りをぶつける行為とは根本的に異なるのである。人を叱ることなんて、本当は誰もしたくはない。嫌われる行為は誰しも避けたいからだ。それでも叱る理由は、叱る相手の人間的成長を期待するからに他ならない。何より愛情ある行為とも言えるのである。そのことを理解できずに、叱られて簡単に辞めてしまう人はそもそも対人援助には向いていない。愛情を理解できない人に、愛情を持って人に接することなどできるわけがないからである。

叱ることから逃避しない

介護は「科学的根拠」が求められる行為であることから、「愛情などという目に見えない非科学的なものに頼っては駄目だ」という人がいる。しかし愛情・人間愛という、エッセンス（物事の本質）に欠けた行為は人を決して幸せにしない。目に見えない人間愛のない行為を繰り返すことで感覚を麻痺させ、デリカシーに欠けた行為が行われるようになる。そこでは人が傷つく行為を悪気なく行ってしまう人間が出来上がってしまうのである。

介護業界ではいまだに虐待防止が研修テーマとなっている。その理由のひとつは当事者が「虐待とは思っていない」行為で利用者を傷つけているという事実が存在するからである。しかし、人に関わり個人のプライバシーに深く介入する職業に就いている人にとって、そのような鈍感さは許されない。だからこそ人を傷つけないための基盤となる〝人間愛〟を伝えることは、避けて通れない人間教育なのである。

管理職が教育場面で、部下に〝思い〟を伝えるために求められるのは、丁寧に説明して、厳粛に実行する覚悟である。その際に「叱る」という行為を排除して、自分が嫌われないように逃避することは許されない。むしろ業務上必要な注意をして、それが理由で辞めていく人材は辞めてもらった方が良いと考え、愛情を持って叱るべきなのである。職場環境を良い状態に保ち、職場内の人間関係を豊かに保つためには、決めごとを決められた通り実行する習慣づけが不可欠であり、全ての従業員が行動・言葉・考え方を美しくあるよう心掛けるように躾《しつ》けることが重要になってくるのである。このことを理解せず、従業員がいつ辞めてしまうかを気にかけて、間違った行動や誤った姿勢を叱る上司がいない職場に、明るい未来は決して訪れることはない。

言い換えれば、仕事も満足に覚えず、丁寧に利用者に接することもできない部下を、上司が叱りもせず行動変容も促さない職場には、いつまでもとどまっている必要は無いと言える。対人援助のスキルの高い人であればあるほど、どうしようもない職場と上司に見切りをつけることがあっても良いのである。それが自分のためにもなると思う。

教育的指導とハラスメントはどう線引きすればよいのか

教育指導の役割を担うリーダーにとって厄介なのは、指導を受ける一部の人の中に「叱られる」という意味を理解できない人が含まれているということだ。叱るとは、職制上の部下など、目下の人の悪い点を改善してもらうことを目的に厳しく注意することをいう。優しく指導することも重要だが、優しい指導だけで態度が改まらない人に対しては、厳しく育てる視点も必要になってくる。時には叱って、改善点を自覚してもらう必要があるのだ。

叱るという行為は、叱る相手の成長を促したり期待したりしているという意味であり、ある種の愛情を含んだ行為であるとも言える。感情的に怒ることとは違った行為なのだ。しかし、それを理解できずに「最近の若い人は少し厳しく注意をしただけですぐ辞めてしまう」と、叱ることができない指導者がいる。叱らないで優しく指導するだけで成長するなら、それで構わないだろう。しかし、叱ったらすぐ辞めてしまう人の多くは、優しく指導してもさっぱり指導効果が上がらない人が多いことも心に留めて置くべきだ。繰り返しを恐れず書くが、辞めてしまうことを恐れてろくに注意もできない状態は職場が荒れて、サービスの品質が劣化する一番の原因になるのである。

指導者が叱るという行為は一種の「スクリーニング」である。指導者には意識的に厳しく叱らせる場面をつくるべきだ。その時にそれが不満ですぐ辞めてしまう人はそれでよい。そんな人員が人材に〝化ける〟ことはないのだから、採用面接で見抜けなかった成長動機が無いという欠点を、試用期間中に見抜いて選別できたと考えればよい。厄介なのは叱って厳しく育てる行為と「ハラスメント」の区別がつきにくいことだ。

感情的に怒りをぶつけて行動を修正させようとする人は指導者に向かない。根拠ある論理的な説明で行動変容を図るような指導が求められているが、だからと言って教える者に媚《こび》を売るような態度であっては、教育者としての信頼は得られず、教育効果もあがらない。間違っている考え方や行動については、しっかり教育的指導を行わねばならないし、叱って教えることが必要な場面は多い。だからこそ教育指導の役割を持つ人材を育てる過程でも、厳しく育てることと、ハラスメントの違いをしっかり理解できる教育プログラムを導入しておく必要がある。

パワーハラスメント（パワハラ）とは、職務上の地位や人間関係などの職場内の優位性を背景に、業務の適正な範囲を超えて精神的・身体的苦痛を与える、または職場環境を悪化させる行為を指す。職制上同等の地位にあるものの間であっても、言葉や態度によって相手の人格、尊厳を傷つけ、精神的な苦痛を与える職場での行為についてはモラルハラスメント（モラハラ）とされる。こうしたパワハラやモラハラと、厳しく叱咤激励《しったげきれい》する行為の明確な線引きは難しく、個々のケースごとの判断によらざるを得ない場合が多い。

明確にハラスメントとされる行為の例としては、社員の不適切行動を他の同僚にも周知させるため、「やる気がないから会社を辞めたほうがいいぞ」などの叱責メールを一斉送信するなどの精神的攻撃とみなされる行為が挙げられる。本人が拒否しているのに私生活のこと（離婚歴など）を詳しく詮索するなどのプライバシーに過度に踏み入り、「個」を侵害する行為もハラスメントと認定されることが多い。

このように見せしめ目的の叱責は侮辱と判断される場合もあるし、退職や解雇、処分をほのめかす言動がパワハラと認められた例もある。しかし、精神的苦痛とはそもそも相手がどう受け取るのかという問題に帰結してしまうのだから厄介だ。指導側が「そんなつもりはない」と言っても、相手側が「ひどく傷つき苦痛によって仕事ができなくなった」と主張すれば、ハラスメントとされてしまう場合も多いからだ。

「バカヤロウ、何やってるんだ」という言葉だけでハラスメントとされてしまうことがあるなら、指導側が委縮してしまい、教育指導が形骸化する可能性がある。大きな問題と言えよう。ただ教育指導とは一定の条件が備わった行為だと解釈されており、次の3点に該当する行為は教育指導の範疇《はんちゅう》とされる。

◆部下に対し、自らの欠点を自覚させ、併せて長所を気づかせる
◆事後的なフォローをすることにより、叱責前の状況よりも引き上げるための努力をする
◆叱責や指導の必要性を明確にし、部下に伝える

このことを意識しながら相手の成長動機を促す視点を忘れなければ、熱心な教育指導をハラスメントと誤解されないで済むかもしれない。どんなに厳しい姿勢を貫いても、そこに人に対する愛情を忘れない限り、憎しみの感情が入り込む余地は無くなるだろう。どちらにしても、人を育てることは人の成長に感謝することである。教育指導担当者は叱るという行為の一方で、指導する人の長所を見つけ、長所を認め、結果が良ければ褒《ほ》めることも忘れてはならない。

人を育てることは「快適な職場環境を作る」ことだ。すべての職員が一定レベ

ルの仕事ができるように育てること、自分で考えて行動する職員を育てることを目標にしてほしい。そのために厳しく注意をすることは決して咎《とが》められることではないのである。叱る勇気を失わないリーダーによって、職場環境やサービスの質が護られることを忘れてはならない。

なぜ実習生に作業しか教えず「介護に愛はいらない」と説教するのか

PART 15

介護への〝思い〟をつぶす職員

介護人材不足の問題は解決の糸口さえ見えない。介護事業経営の最大のリスクも「人がいなくなって事業が継続できなくなる」ことであり、危機感を持つ介護事業経営者も多い。介護サービスの場で働く人にとっても、やがてそのことは「自分の職場が無くなるかもしれない」という危機感に繋がっていくと思うが、それ以前に「仕事が回っていかない」という深刻な状態と向き合っているのが現実だ。多くの介護事業経営者および介護従事者は、介護の仕事に就こうとする人がもっと増えてほしいと願っており、そのためには介護福祉士の養成校に入学する学生も増えることを願っているはずだ。そうした介護関係者に自覚してほしいことがある。

介護福祉士養成校に入学する学生が減り続けている中で、入学する学生はそれなりに高い「動機づけ」を持っている。ところがそうした学生の動機づけをつぶし、介護の仕事に就こうとする意欲を失くさせる元凶が、現在介護現場で働いている人の姿勢や考え方そのものにあるということだ。

卒業間近の高校生が「介護福祉士の資格を得るために専門学校に入学したい」と進路の希望を表明した途端、その生徒は職員室に呼び出され、担任教師と進路指導の担当教師に「考え直しなさい」と説得されると言う。それでも介護福祉士養成専門学校に入学してくる生徒は「人の役に立つ仕事をしたい」「体の不自由な人の支えになりたい」という高い動機づけを持つ若者たちだと言えよう。

その子たちの多くは、そうした考えに至る経験と理由を持っている。「自分が大好きだった祖母が亡くなった特別養護老人ホーム（以下、特養）に尊敬できる介護職員がいて、亡くなる瞬間までとてもお世話になった。私もそんな介護職員になりたい」「ヘルパーをしている母親がいつも生き生きとお年寄りの暮らしを支えている姿を見て、私も同じ仕事をしたい」「ボランティアで訪れた特養で見た、若い介護福祉士の働く姿が格好良かったし、お年寄りも大変幸せそうだった」。それはまだ幼い考え方の中で生まれた理由かもしれないが、とても尊い考え方ではないだろうか。ところが、そうした若者の尊い考え方を「理想と現実は違う」と決めつけ、つぶしにかかるスキルの低い介護職員が数多く存在する。そんな国で介護の仕事に就きたいという若者が増えるわけがない。

見直せ、作業しか教えない研修

介護実習に関わる現場の意識レベルが低いのも大きな問題だろう。実習の場では「知識」と「技術」を学ぼうとしている実習生に、なぜその職場の「作業」を教えなければならないのか。何時何分に何をするか、物品の置き場所はどこか。それこそまさに「作業」であり、実習生には何の意味もない。そんなことは彼らが実際に仕事に就いた後で覚えればよいことである。実習で教えることは対人援助のプロとして、介護支援を必要とする人に向き合うための「方法論」である。身体の不自由を抱える人に対して配慮すべき点は何かを教え、そこで使うべき介護技術をその「根拠」とともに指導する。それが実習先に求められていることだ。実習中に学生が利用者とコミュニケーションを交わしている姿を見て、「話ばかりしていないで、もっと決められた仕事をしなさい」と注意する職員も多いが、そのような職員は実習指導者としてのスキルはゼロと言っていい。そういう職員が人材となる〝卵〟をつぶしているから、現場の作業が回らなくなるほど人材が枯渇《こかつ》するのだということに、なぜ気がつかないのだろうか。〝人間愛〟を忘れずに利用者に接しようとしている若者に「青臭いことを言って」と説教する実習に何の意味があるのか。「愛なんて介護にいらない」というのは指導になるのか。科学的根拠に愛情というエッセンスを添えて、初めて介護が人の暮らしを作る行為に繋がるということをなぜ教えないのだろうか。

あなたが今行っている仕事を覚えさせるために、実習があるのではない。実習生たちが教室で学んだ知識や技術が、介護支援の現場で「どのように活かされているか」を確認するのが実習である。正しい介護技術を使うことで、暮らしぶりが良くなる人がいること、そしてコミュニケーション技術を高めることによって、認知症の人でも落ち着いて暮らすことができるという事実を実感させ、その方法を伝える。それが本来の介護実習である。そうした対人援助のすばらしさを伝えないで作業労働しか教えず、忙しい現場のルーチンワークをこなすために「猫の手よりはまし」とばかりに実習生を〝駒〟として使っていないだろうか。

実習後の報告会では「利用者への対応が流れ作業になってしまっている」という声をよく聞く。同時に、そんな環境に甘んじている職員の姿を見て「あんな鈍感な人たちの中で働くのは不安だ」「こんなやり方が人のためになっているとは思えない」と、介護福祉士養成校を中途退学してしまう人までいる。つまり、実習先が介護現場の〝金の卵〟である若者をつぶしている。そんな実態を変えない限り、この国の介護人材不足は永遠に解消しないだろう。

志をつぶされる若者はどこに行くのか

PART 16

サービスマナー意識を持つ意味

介護福祉士養成校で非常勤講師として一部の授業を担当している。非常勤講師としての私の立場からすれば、担当している科目だけ教えるだけでよいわけであり、その授業に関する知識だけを学生に与えればよいという考え方もあるかもしれない。しかし介護福祉士という対人援助の専門家を養成するための一授業ということで考えれば、その科目の中で教えなければならない知識や技術だけではなく、対人援助のスキルというマクロな視点も必要になる。私は社会福祉法人の総合施設長としての経験の中で培った、人を育てる視点も持っているのだから、学生に対しても現場の視点から伝えられることがある。そのような考えに基づいて、人生の先輩である高齢者に対して「タメ口」で接することがあってはならないということも教え、顧客に対するサービスマナー意識を叩き込み、就職した場所で顧客である利用者に接するにふさわしい適切な態度を身に着けさせて、卒業までこぎつけるわけである。

ところが適切なサービスマナーを身に着けて卒業していったはずの学生が、当初は利用者に対して丁寧な言葉遣いで、丁寧に対応していたにもかかわらず、就職して数カ月後には利用者に対してタメ口になっている姿が時折みられる。しかし、それは学生を指導した教員の責任でもなければ、学生自身の問題とも言えない。模範となるべき先輩職員にマナー意識が欠けている職場で、新人だけがマナーを意識した対応をし続けるのは非常に難しいということだ。サービスマナー意識のない先輩職員の中には、正しい言葉遣いで顧客である利用者に接する新人に対して「何を気取ってるの」と冷やかす職員もいたりする。これは陰湿な〝いじめ〟そのものでしかない。わが身を護ろうとする若い職員は、先輩職員と同じスキルの低い状態にわが身を貶《おとし》め、志を失い、自ら醜《みにく》い姿をさらして働き続ける。そんなかわいそうな卒業生も少なくない。

言葉遣いを直せないスキルの低い先輩職員は「タメ口はダメだなんて言うけれど、関係性があればタメ口は決して失礼な言葉ではない。利用者に緊張感を与えずに、親しまれるための言葉遣いで、堅苦しくならないために必要な口調だ」などと言って若い職員を洗脳するが、それは嘘だ。タメ口で利用者に接しているのは、そんな積極的な理由ではない。スキルの低い連中は「自分たちの仕事が〝施《ほどこ》し〟である」という意識から抜け出せず、利用者を上から目線で見ている結果でしかないのである。そんな言い訳は対人援助の専門家としてのコミュニケーション技術という意識もない連中が作り出した屁理屈《へりくつ》であり、「素人レベル」で仕事が完結されている状態としか言えない。そもそも関係性と言うが、職員が思うほど良好な関係性を常に利用者と築いているとは限らず、その口調に不快感を持つ利用者も多い。そうならないためのセーフティネットがサービスマナー意識を持つ意味でもある。

志の高い若者の心を殺す職場では、ストレスを抱えて数カ月で辞めてしまう卒業生も毎年出てくる。社会福祉法人の総合施設長を務めていた当時は、毎年そのようにして辞めた卒業生や辞めようとしている卒業生の相談に乗り、その幾人かを自分の法人に雇い入れたこともある。しかし私の職場は職員の定着率が高く、毎年職員募集をしている状態には無かったことから、他の信頼できる事業者に紹介せざるを得なかったケースも多々ある。将来は人材となり、人財ともなるであろう若者が、仮にそのまま介護の職業から離れてしまっているとしたら、介護事業にとって深刻な損失である。しかし、マナー意識の無い職場にストレスを感じて辞めてしまうということは、「丁寧な対応ができる職場で働きたい」という動機づけを持っている人が多いということでもある。だからこそ、在籍する職員の意識を高める教育を徹底的に行い、サービスマナーを身に着けさせ、「そこで働きたい」と思ってくれる職場創りが何よりも求められているのである。

丁寧な言葉と態度で利用者に接する新人をつぶす職員を辞めさせ、新人の手本になる職員を育てることが中長期的に見れば良い人材が確保でき、それが顧客の確保と事業経営の安定に繋がっていくのである。逆に、闇雲に人を採用し、教育を怠ることでマナーのない職員が増え、結果的にサービスの質の低下をきたす職場はやがて滅びていかざるを得ないのである。どちらの職場が求められているかは今さら言うまでもなく、介護事業経営者は良い人材が寄り集まり定着するための改革に、覚悟をもって努めなければならない。

人生会議
～その意味と課題～

PART 17

終末期の在り方に自己決定を促す場

がん治療の現場で患者や家族が医療チームと相談を繰り返しながら治療や療養の方針を決めていく「Advance Care Planning：アドバンス・ケア・プランニング（ＡＣＰ）」が注目されるようになり、がん治療のみならず広く医療・介護現場に普及・浸透しつつある。それは、自らの意思決定能力が低下する場合に備えて、あらかじめ高齢者本人と家族が医療者、介護提供者などと終末期を含めた今後の医療、介護の方針について話し合い、本人に代わって意思決定をする人も決めておくプロセスを意味している。

ＡＣＰは愛称を『人生会議』とされたことでかなり広く知られるようになったが、それは必ずしも不治の病に侵された人に限定した考え方ではなく、高齢者が「終活」を意識し始めたときに、揺れ動く気持ちに寄り添う日常的な支援過程としても求められるものである。

例えば「リビングウイル」という考え方がある。それは「生前意思」または「いのちの遺言状」とも表現される行為であり、「自分の病が不治かつ人生の終末期であれば、延命措置を施さないでほしい」と宣言し、それを記しておくことである。延命治療を控え、苦痛を取り除く緩和治療・緩和ケアに重点を置いた支援を望み宣言するためには、終末期とはどのような状態になり、どういう経過が予測されるのかをできるだけ正確に理解する必要がある。例えば、口からものを食べられなくなって経管栄養を行った場合、自分の身にどのような状況が降りかかってくるのかを、専門的な知識のある人から正確に情報提供を受けることが求められるのである。

そういう意味で、人生会議は終末期の過ごし方について「自己決定」を促す貴重な場にもなるであろう。しかし自己決定とは単に利用者の意向だけで物事を決定するということではない。それは、決定の〝主人公〟は自分自身であるということを前提としている。専門知識のある医師などから自らの予後の予測などをかみ砕いて聞いた上で、最終的に決定するのが自分であるという意味だ。その過程で、医師などは利用者の希望と必要性の相違から生ずる問題について専門的見地からわかりやすく説明して、理解を求めていくことが必要となる。時に「希望」と「必要性」が合致しないことがあるが、その大きな要因は利用者や家族が持つ情報、知識が医師などの専門家が持つそれとは量も質も大きく異なることにある。

つまり、利用者は偏った少ない情報の中から意思決定せざるを得ないのだ。人生会議の場で正確な情報が提供され「希望」が「必要性」と結びつくとしたら、それはQOD(Quality of Death：人が生命を持つ個人として尊重され、豊かな暮らしを送ることができ、やがて安らかに死の瞬間を迎えることができるという意味)を高めることにも繋がるのではないだろうか。

死を見据えながら愛を語る

終末期になった後にその人の意思を確認することは難しい。よって、意思決定ができる時期に人生会議を行い、終末期になった際に自分はどうしたいのか、どのような支援を受けたいのかを確認しておくことが重要になってくる。そこでは病状を含めた当事者の現況を医療面、介護面からそれぞれの関係者が適切に評価し、その情報やアドバイスに基づいて当事者の自己決定を促すことになるが、そうであるからこそ人生会議に関わる医療や介護などの専門家は、人生会議というプロセスにおいて自らの価値観を押し付ける行為があってはならないし、「医師の指示によって大事な決定を促すのが人生会議ではない」ことを忘れてはならないのである。

人生会議を通じて、一人ひとりの国民が自らの終末期の過ごし方を考え、自己決定に基づいてリビングウィルを宣言しておくことはとても大事なことである。それは尊い命を自ら敬い大切にすることに他ならないからだ。それはこの世に生を受け、人として生きてきた意味を問うことに繋がるかもしれない。しかし、人生会議という場で当事者である高齢者の方が自分の意思を正しく表明できるとは限らないという問題がある。認知機能の低下が無くても、そういう場所に慣れていないことによって、日ごろ抱いている自分の気持ちをうまく伝えられないこともあるからだ。そういう時、「誰かに気持ちを伝える手伝いをしてもらいたい」と考える人もいるはずだ。人生会議に関わるチームの中では誰がリビングウィルを宣言するための支援を行うことができるだろうか。私は利用者がお元気で、意思表示ができる時期から関わり、日常的に意思疎通を行っている介護支援専門員をはじめとした介護支援者に注目してよいのではないかと考えている。

利用者の病状が悪化する前から関わりを持っている介護支援専門員だからこそ利用者の意思を代弁することができ、それはリビングウィルの宣言支援にも繋がっていく。従って介護支援専門員にはその役割をもっと意識した日ごろからの関わり方が求められるのではないか。そういう意味では一番近くで当事者の気持ちを知る立場にいるヘルパーがその役割を担ってもよいはずだ。

高齢者によっては家族の心の負担を慮《おもんぱか》って、家族には伝えられない気持ちをヘルパーに吐露《とろ》する人もいる。そこに含まれる〝本音〟を代弁する誰かがいない限り、人生会議という過程も形式的で単なるアリバイ作りの場に変わってしまう恐れがある。よって、「人生会議」には本人や家族、医療関係者とともに、本人のニーズを代弁する介護支援専門員などの介護支援者が参加することも必要不可欠だと考える。しかし、人生会議に対しては診療報酬も介護報酬も支払われない。この会議を行うことによって、関係者が何らかの報酬を得るわけではないのである。この会議の主催者および参加者に報酬以外の間接的利益が発生することも期待できない。あくまで治療や介護の過程の中で「必要不可欠なプロセスである」という関係者の理解が欠かせないのである。

求められる「地域包括ケアシステム」は一人ひとりの住民が日常生活圏域の中で心身の状況に合致した居所を確保し、医療や介護だけではなく福祉サービスを含めたさまざまな生活支援サービスが適切に提供できる体制である。その一環として人生会議が求められると考えるならば、地域包括支援センターはその啓蒙活動に力を入れると同時に、開催を積極的に支援する必要があるのではないだろうか。

人生会議とは愛する誰かの人生の最終ステージを見つめ、「死を見据えながら愛を語る場」であることに間違いはない。そこで話し合って決めたられたことは難しい決断をする場合に重要な助けとなるであろう。いま、そのような人生会議がごく当たり前に行われる社会が求められているのだと思う。

介護の質を上げる工夫の具体例

PART 18

生き方として選ぶ介護の仕事

介護事業者で働いている人の中で、人手が足りないことを理由に現状のサービスの質を上げようとしない人が多すぎると思う。「人手が無い」と言えば現状に甘んじることがすべて正当化される傾向にあることも嘆かわしい。介護の質が一般常識より低いにもかかわらず、それを変えようとしないことにも「人がいないから」という理由が使われる。できない理由を探し現状に甘んじていれば楽だろう。それでも仕事は何とかこなせるし、給料が減るわけでもない。しかし、それで仕事に喜びや誇りを感じることができるだろうか。自分の仕事について家族に誇りを持って語ることができるだろうか。そんな必要がないという人は機械でも相手にする職業に転職したほうがよいと思う。そんな人は介護事業者にとって人材ではないからだ。人手が足りない理由を検証することなく、人手がないことを言い訳にして現状を変えようとしない人に職業は微笑んでくれないのである。職業とは辛い要素もたくさんあるとはいっても、働くことは社会活動を続けることであり、それ自体が喜びだということを忘れないでほしい。介護という職業を単に仕事として選ぶのではなく、生き方として選んだ人には、介護という職業自体が微笑んでくれることを知ってほしい。

例えば介護施設では、1週間に2回しか利用者を入浴させなくとも運営基準違反にはならない。しかし、それは現在の世間の一般常識とはかけ離れた生活習慣である。そんな基準に甘えている介護施設とは、いかに低俗な施設であるかというに思いに至ってほしい。そのことを批判できる背景には、私が総合施設長として管理していた特別養護老人ホーム（以下、特養）では、利用者の希望に応じて毎日でも入浴支援を行っていたという実績があるからだ。私が週2回の入浴支援を「囚人並みの基準でしかない」と思い立ち、改革に努めたのは介護保険制度開始の1年前のことである。たまたまその時期に施設が50床＋併設ショート2床の特養から、１００床＋ショート12床＋通所介護という規模に拡大を図る中で、職員も数多く雇用できる環境であった。その1年後には介護保険制度がスタートし、措置から契約へと制度が大きく変わることが分かっており、職員の意識改革とシステム改革が必要かつ可能な状態にもなっていた。

その時に、利用者が希望すれば「毎日入浴できるようにしよう」とし、週2回しか入浴していない人が地域にどれだけいるだろうかという視点から、それがいかに劣悪な基準でしかないという意識を浸透させた上で、さまざまな改革に対応できる人数を勘案《かんあん》し、新規に採用を行った。そして、看護・介護の配置基準3：1を上回る、ほぼ2：1の配置に近い状態にした上で入浴の改革も行った。だからと言ってその配置人数が決して十分ではないことは、現場の職員なら誰でも承知している。ユニット型施設の場合はもともと2：1が最低基準だし、3：1が最低基準の非ユニット型であってもそれでは人が回らないために、必然的に2：1に近い配置を行っている特養がほとんどだからだ。

決して十分すぎる配置ではないにしても、だからと言って無尽蔵《むじんぞう》に人を増やすわけにはいかない。その時の収益と職員の給与水準、目指すべきサービスの質をすべて秤《はかり》にかけて配置人員を割り出す必要があるわけだが、その中でいかにシフトを工夫し、業務の仕方を考えて利用者ニーズに対応するかという「知恵」が問われてくる。「現状の人数でも業務が回らないのに、これ以上のことは一切できない」などという、知恵のない思考を取らないことだ。努力という〝思考回路〟を停止した先には「停滞」と「退廃《たいはい》」しか待っていない。

ケアの品質を向上させる業務改善

業務改善に向けた入浴介助についてもう少し具体的に話を進めよう。例えば週2回しか入浴支援を行わない施設では、その2回の入浴日に全員をお風呂に入れなければならない。100人の介護施設だとしたら、週2回の特定曜日に体調不良者を除いて100人全員を入浴させるわけである。それは入浴支援という業務を重労働化させる最悪の方法と言ってよく、その日は食事介助と排泄介助を行う以外には、入浴支援しかできなくなる場合が多い。しかし、毎日が入浴日であれば入浴支援も1日のルーティンワークのひとつにしか過ぎず、職員の意識は入浴支援も他の支援行為と同じように毎日行うべき普通の行為に変わっていく。そしてそこでは、1日に入浴する人の数が分散したことにより、1日中入浴支援だけに費やすという状態が無くなり、それに付随するストレスが消えていく。実際に、毎日入浴支援を行うようになって以後に採用した介護職員は、それが普通だからそのことが大変だと思うことなく、当たり前の介護業務として、不平・不満もなく黙々と毎日の入浴支援にあたっている。

このように毎日入浴支援を行うにしても100人全員が毎日入浴を希望するわけではなく、「せっかく毎日入浴できるようになったのですから、せめて1日おきにでも入りませんか」と投げかけても、頑《がん》として週2回しか入らないと言う人も多い。そのため、入浴支援を毎日行うための人員配置を行っている施設では、入浴支援にかける時間や、入浴支援を行う職員の人数が少なくて済むわけである。また、シフトを工夫して入浴支援に集中的に人を配置すれば、介護職員そのものの人数を増やさずに業務を回すことも可能となる。

そもそも、入浴支援で最も大変なことは「入浴拒否」する人への対応だ。3日も4日も入浴していないのに「さっき入ったばかりだから、もう入らない」と言う人を、いかになだめすかして入浴してもらうかに膨大なエネルギーと時間が費やされる。だからこそ、素直に入浴してくれる人に関しては、「ちょっとした工夫」で難なく毎日の入浴支援が可能になるのである。ちょっとした工夫とは何か。それは、サービス提供方法の〝効率化〟を見直し、あえて「不便な方法」を採用することかもしれない。

私が総合施設長をしていた特養では、毎日入浴支援ができる工夫のひとつとして、サービス提供者にとって都合がよい「分業」をやめた。介護施設では業務の効率化の名のもとにさまざまなサービス場面での分業が常態化しているが、入浴の場面では浴室内の洗身介助・浴槽の出入り介助担当と脱衣所の着脱介助担当、そして脱衣所まで・脱衣所からの誘導または搬送担当と、入浴支援を3場面に切り分けて分業する方法が一般化している。

しかしこの方法は、介護業務を支援行為とはかけ離れた「作業化」させる一番の原因であり、流れ作業を促進するだけの結果しか生まないことが多く、「業務の省力化」や「効率化」にはあまり繋がらないのが実態である。なぜなら浴室内介助と脱衣所介助と誘導介助がうまく繋がらないからである。結果的に3部門の担当者が自分の作業の都合だけで担当業務を黙々とこなすだけの結果になり、廊下には脱衣介助を待つ長い行列ができ、脱衣所には浴槽に入る順番を待つ人が裸のまま座って待たされるという状態をつくることになる。待たされる人たちにとってそれは至極迷惑な時間であり、人によっては地獄の時間でもあるが、待つことを常態化するというのは、業務ロスが常態化しているという意味でもある。これを失くすことが、即ち毎日入浴支援ができる方法にも繋がっていくのだ。つまり分業をしないということだ。

「作業」から「行為」への転換を

利用者が居室から浴室に移動し、入浴支援を受けて居室に帰るまでの一連の行為を、一人の介護者が責任を持って行うことで入浴支援は「作業」から「行為」へと転換できる。「それでは支援時間がかかり過ぎて対応すべき人数がこなせない」と思うかもしれないが、必ずしも今連れていかなくてもよい人たちの長い行列を作るという「業務ロス」がなくなる分、業務は効率化できるのである。そもそも入浴支援を3場面に切り分けて、「分業」する場合、入浴支援を行うためには同じ時間に入浴支援に携わる人が最低3名必要になり、この3名のタイミングを合わせてやっと一人の利用者に対する入浴支援ができる。それは3名同時に入浴支援以外の業務には携われなくなることを意味している。しかも、そこではまだ脱衣所に連れてくる必要のない人を、1時間も前から連れてきて廊下に放置しておくというロスが生まれる。

一人の担当者が一連の入浴支援をすべて行うなら、その担当者が入浴支援をできるタイミングでいつでも誰かを入浴支援できるわけである。そしてそこには必要のない時間に利用者の移動支援を行うというロスは生じないし、廊下に利用者を放置しておくという不適切な状況も生まれない。例えば、A職員が自分の今日の担当者を入浴支援している間に、ほかの職員は入浴以外の業務を行っているということであれば、入浴だけで現場の仕事が〝手いっぱい〟になって、ほかの仕事に手が回らないという状態にはならない。もちろん、その日の一日の流れを読みながら、ある時間帯はA職員とB職員の2名が入浴支援にあたり、たまたま浴室でそれぞれの担当利用者が二人同時に湯船にゆっくり浸かるという場面が生じたとしてもよいのである。

毎日の入浴支援によって1日に入浴する人の数が減ることに加え、日々の一斉介助をやめ、その日の業務の担当者が利用者の暮らしに合わせてさまざまな支援を行うことによって、ひとつの支援行為だけに手を取られて、ほかの業務に手をかけられないという状態は解消される。そこにシフトの工夫を加えて、早出を1名少なくして日勤者もしくは遅出を1名厚く配置する日をつくったり、早出や遅出の勤務時間をユニットごとに変えたりすることで、配置職員を増やさなくとも入浴支援ができる日を増やすことは案外簡単にできることになる。

ここに示した方法は、私が特養で毎日入浴支援をするためにとった方法のひとつに過ぎないが、要は「やる気」と「知恵」が大事だということである。やる気も知恵もない人は他の仕事を探せばよいだけの話だ。人が足りないからできないのではなく、知恵が足りないからできないのではないかと疑問を持ってほしい。介護の本質の向上のためには、そんなふうに自らの姿勢を振り返ることが求められる。それをしない人に「職業に対する誇り」など得られるわけがなく、プロと呼べるわけもなく、ましてや全産業平均の給与水準など与える必要も無いわけである。

訪問介護員が絶滅危惧種となる中で考えなければならないこと

PART 19

求められる専門的なスキル

全国労働組合総連合（全労連）が２０１９年4月24日に公式サイトで公表した「訪問介護員の年代別分布図：出典は介護労働実態調査報告書」によれば、訪問介護を支える介護職員のうち20代は１・０％、30代は５・９％で、以下40代20・2％、50代35・３％、60代30・２％、70代７・５％となっている。この調査は１８９７人の抽出データとのことであるが、訪問介護員の全体の平均年齢は55・5歳である。しかも50歳以上が全体の73・０％を占めており、20代は１・０％という現状は、近い将来訪問介護サービスを提供できなくなる地域が出てくることを表しているように思う。

訪問介護というサービスの難しさは、それぞれ個性の異なる利用者の、「家庭」という最もプライベートな空間に入ってサービスを提供しなければならないことである。その環境に馴染んで、利用者と密室で1対1の関係で向かい合う能力も求められる。施設サービスならば、同じサービスの現場に先輩職員が複数いて、疑問点を聴いたり見たりして解決できるが、訪問介護の場では、まさに「ひとり立ち」が求められ、誰にも頼ることのできない難しさがある。また身体介護と生活援助をセットで提供できなければならないために、家事能力のない人には向かないという問題もある。そのためある程度の社会経験があり、家事能力も高く、一定の年齢以上の人がこの仕事に就く傾向にあることは事実だが、50代以上の年齢層が7割も占める仕事というのは異常である。これはすでに〝絶滅危惧職種〟というしかない。近い将来（というか数年後：10年以内）に訪問介護サービスが足りなくなり、サービスを提供できない地域が出てくることで、地域包括ケアシステムは崩壊するかもしれない。

そうしないために、59時間の新研修を受けることで生活援助に特化したサービス提供ができる新たな資格を創設したり、地域によっては元気高齢者のボランティア機会を増やすなどの施策を取ろうとしているが、これは訪問介護サービスをますます低賃金化させ、訪問介護の職業そのものを〝底辺化〟するという側面を持っている。そうなると訪問介護という職業を選ばない人がますます増える。それによってボランティアの元気高齢者に頼らねばならないとしたら、地域包括ケアシステムとはその基盤そのものが脆弱であるとしか言いようがない。それはいつ崩壊してもおかしくないという意味だ。

この状況に加えて、２０２０年1月10日にネット配信された「ＮＨＫ ＮＥＷＳ ＷＥＢ」によると、訪問介護職の有効求人倍率が昨年度13・1倍まで上昇し、全ての職種の平均と比べておよそ9倍になっていると言う。訪問介護の担い手が不足する背景には、非正規雇用が多く、仕事の大変さのわりに収入が低いことなどがあるが、これによって地域包括ケアシステムが崩壊することを防ぐためには何をどう対策したらよいのだろうか。

そもそも個人の家庭で、身体介護と家事の両方を提供する職業はもっとも専門的な職業と考えるべきである。それが絶滅危惧職種になっている原因は、安易な訪問介護費の引き下げによる将来への不安と相まって、「訪問介護では食べていけない」と考える人が増大しているからに他ならない。その不安を解消しない限り、訪問介護という職業に就く人はいずれいなくなるだろう。いたとしても、訪問介護に就こうと思う人の多くは現役をリタイヤした元気高齢者が占めることになり、重度の要介護者の身体介護ができない訪問介護員が大半になる。この構造を変えて、訪問介護サービスが安定的に提供されない限り、地域包括ケアシステムの崩壊の危機は無くならない。

ビジネスチャンスと考える

本来国民の命と暮らしを護るべき責任と義務は国家そのものにあり、この部分に掛けるべき費用に無駄金や死に金は存在しないはずだ。しかし、財源論が幅を利かせ、介護給付費の増加が「悪の権化《ごんげ》」であるかのような印象操作がされ続けている現状で、この問題を解決できる方策は生まれない。訪問介護サービスを失くさないための唯一の方策は、民間営利事業として存続させていくのではなく市町村の公益事業とし、「市町村に実施義務を課すしかない」という考え方も出てくるだろう。

しかし民間事業者も考えなければならないことやできることがある。何よりも介護市場には今後も莫大なお金が落ち続けていくということを考えてほしい。仮に社会保障費の自然増を半減する政策が続けられたとしても、高齢化の進行によって高齢者の数は増え続け、それに伴って介護支援を必要とする人の数も増加していくのだから、介護市場に投じられるお金は増え続けていくことになる。介護給付費だけを考えてもその額は２０２８年には20兆円に達するとされ、周辺に存在する「保険外サービス」の費用を含めると介護は１００兆円を超える市場規模になるのである。つまり、介護事業者はサービスを提供する人が集まりさえすれば、顧客が確保でき、収益を上げられるということだ。介護市場にはまだまだ大きなビジネスチャンスが存在しているのだ。それは決して〝幻《まぼろし》〟ではない。

ヘルパーが足りないことを理由に事業撤退する事業者も多い。しかし、顧客は今後も増え続けることから、独自の人材確保戦略を盛り込んで他社との人材確保競争に勝つことで、大きな収益が上げられるのである。外国人労働者をきちんと戦力にするだけでは成功しない。介護の仕事をしたいという動機づけを持つ人は、事業者にとって役に立つ人材となる可能性が高いのだから、そういう人が定着する職場とはどういう職場なのか。それは、ひとえに人の暮らしを護る高品質なサービスを提供できる職場である。顧客に対するサービスマナーはその基本であり、そこからホスピタリティ精神が生まれ、さらに高いサービスの品質が生まれるわけである。そうした職場にする教育システムにお金をかけない事業者には人が集まらず、ビジネスチャンスがあるにもかかわらず、「指をくわえて」見ているだけの存在になるだろう。

そのために、覚悟を決めて採用や労務管理の在り方を変える必要があり、中でも職員教育の充実は急務だ。単に仕事を覚えさせるだけではなく、仕事上の悩みを受け止め、専門職として成長動機を持つことができるスーパービジョンができる人材を社内で育成していく必要があるだろう。人材確保に苦しみ、職員の定着率が上がらない事業者は、今のままのやり方では永遠にその課題は解決しないことに気づくべきだ。それは廃業への一本道にもなりかねない。今、一番求められることは「経営戦略の練り直し」である。

INTERVIEW

今、語っておきたいこと

I m a K a t a t t e o k i t a i k o t o

Ⅱ

インタビュー・聞き手◆大江亮一

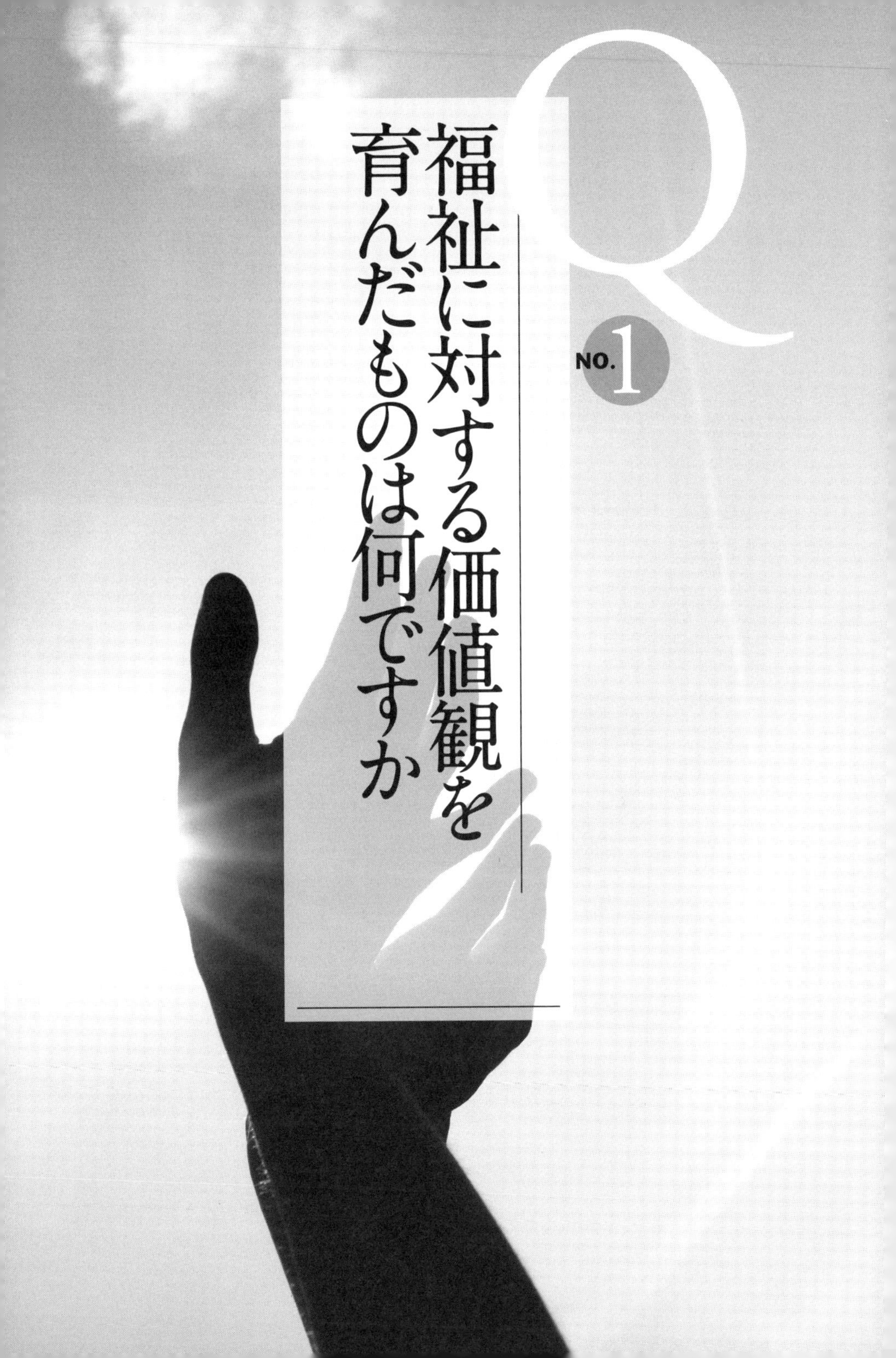

Q NO.1

福祉に対する価値観を育んだものは何ですか

故郷

私が生まれたのは北海道の下川鉱山町です。

銅の鉱山があったから鉱山町。

今はもうありませんが、極めて特殊な町でした。

三菱金属という会社の企業城下町で、何人かの個人商店主を除いて3千人ほどいた住民のほとんどが同じ会社の社員、しかも全員社宅に住んでいた。

一軒の飲み屋もない。飲み会は社員の社宅です。

もちろん、みんな顔見知りだった。

ひとつの町のルールが、ひとつの会社のルールで決まる。

今考えればおかしいと思いますが、そんな町でした。

高校に入るまで暮らしたこの町で刻み込まれた経験が、私の「福祉感」に強く影響していると思っています。

言うなれば、町全体がひとつの家族のようなものでしたから、自分の祖父母だけでなく、身近におじいちゃん、おばあちゃんがいて、その人たちが家で死んでいく姿を見ていた。

それが普通だった。

町には「下請け」の人はいませんから、みんな〝平等〟です。

A

貧富の差がなかった。

お金持ちになろうという動機づけもない。

各地域に会社の浴場があり、誰でも毎日、無料で入ることができました。

無料だからいわゆる「番台」がない。

テレビドラマの「時間ですよ」を観て初めてその存在を知ったのはずっと先です。

それが下川鉱山町でした。

自分では気づかないところで福祉に対する価値観が生まれたのは、このような環境が影響しているのではないかと思うのです。

唯我独尊

私は「ガキ大将」ではなかった。

どちらかと言えば、唯我独尊《ゆいがどくそん》。

父親は労働組合の専従《せんじゅう》でしたが、彼も「我が道を行く」人だった。

人の言葉に影響されることは少なかった。

「俺はこうだ」と思ったら、まっすぐ突き進む。

しかし、家では優しい人でした。

むしろ、子どものころは母親の方が怖かった。

父親は出張帰りに本を買ってきてくれたことを覚えています。

そのせいか、小学生のころからよく本を読んでいました。

今でも書くことが好きなのは、本好きが高じたからかもしれません。

下川鉱山は私が高校2年のころに閉山しました。

銅の価格が大暴落した。

人は町から離れていき、コミュニティは崩壊します。

社宅は壊され、今は誰も住んでいません。

小学校だけが記念館として残されている。

私たち家族も下川町から車で6~7時間離れている人口8万人の岩見沢市に移り住みました。

今は繁華街もシャッター街になっているけれども、人口3千人の町に住んでいた私にとって、都会に引っ越した感覚だった。

私はこの街で、大学卒業まで過ごします。

大学は社会福祉を目指して入ったわけではありません。

文学部が英文学と社会福祉に分かれていて、たまたま入学したのが社会福祉学科だったというわけですが、理由は「学費が安かった」。

しかし、ここから私の福祉への道がスタートします。

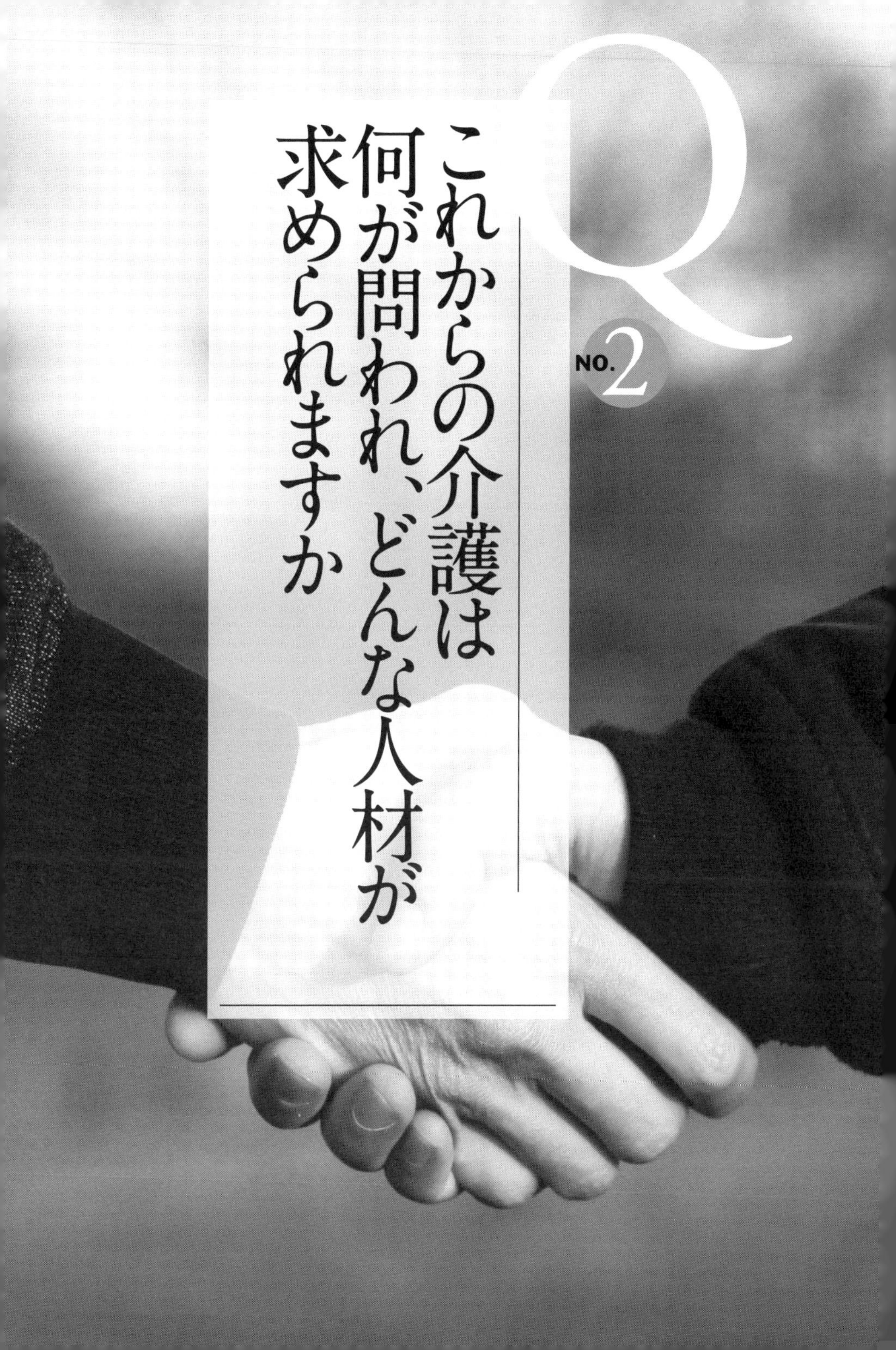

Q NO.2 これからの介護は何が問われ、どんな人材が求められますか

「自己責任」と「品質」

大学を卒業した年はまさに就職氷河期でした。

同級生の中には就職浪人も少なくなかった。

私は児童福祉が専門だったのですが、高齢者施設か障がい者施設しか求人が無かった。

北海道登別市にできたばかりの社会福祉法人に就職しました。

特別養護老人ホームです。

もちろん、まだ措置の時代。施設長は市の職員の天下りでした。

当時、寮母《りょうぼ》と言われた介護職員も短大の保育科を卒業したばかりの新人とそれまで病院の付き添いさんだった〝素人〟ばかり。

何も分からない私は、寮母の勤務表を作らされた。

ひとつひとつ「作り上げる」という面白さはありましたが、何しろ素人集団ですから何もかにもが「ひどかった」と思います。

入所者（当時）50人に寮母は11人。

洗濯から炊事まで、何もかもやっていた。

しかし、待遇は良かったですね。

国家公務員の給与表がそのまま適用されていた。

A

夏と冬のボーナスのほかに年度末手当があり、寒冷地手当として暖房費も支給されていました。

それも、真夏の8月30日に。

人事院勧告で公務員が昇給すると、年度初めの4月にさかのぼって昇給分の差額が支給されました。

もともと介護労働というのはきちんと仕事をしていれば、きちんと収入が増えて、家族も養えた職業だったはずなんです。

ある意味〝ぬくぬく〟と稼げる仕事だった。

公立の養護老人ホームの寮母は「寡婦《かふ》」が優先的に採用されました。

夫に先立たれた女性が世帯主として一家の暮らしを支えるために…。

それが、介護保険制度になってから厳しい競争にさらされた。

人材不足だ、待遇が悪いなどと言われ始めたのもそれからです。

「介護労働はとんでもない仕事だ」などといった、世間の〝風評〟にもさらされている。

「介護の仕事に就いたおかげで、さまざまなストレスから鬱《うつ》になった」

「待遇が悪い」

「人間関係がうまくいかない」

こういったネガティブな話の多くはむしろ介護職員サイドから発信されているのではないかと思うのです。

「うまくいかない」ことを、介護という仕事のせいにする。

私は「自己責任」だと思っています。

介護の仕事を選んだのは誰ですか。

「あなた自身でしょ」、と言いたい。

もともと、介護の仕事に向いていない人が入ってきて、仕事ができないから給料も上がらない。

ストレスをためる。

そういう人がやがては虐待に走る。

ストレスを「不適切ケア」の言い訳にする。

スキルが無いだけの話でしょ。

いくら人材不足とはいえ、そんな人はこの世界に来ないでほしい。

全てを「介護」という仕事のせいにして、この仕事そのものに「NO」を言うのは間違っているのです。

自分に向いていないと思えば、速やかに他の仕事を選べばいい。

「経営者に搾取《さくしゅ》されている」と感じているなら、そんな事業所は辞めればいい。

これからの介護は、厳しく『品質』が問われます。

むしろ介護事業者間で「品質競争」をすればいいんです。

品質が悪ければ〝淘汰《とうた》〟される。

それが本来の姿です。

介護事業経営に手を挙げれば誰でも稼ぐことができる。

そういう介護の世界がむしろ異常だった。

「根拠」と「言葉」

どういう人材が求められているか。
ひとことで言えば、「人を育てられる人材」につきます。
人を育てるためには何事も『根拠』をもって説明ができなければならない。
根拠のある介護ができる人が、人を育てることができる。
言葉にできる根拠をもっているかどうか。
見て覚える「職人技」では伝わりません。
言葉です。
言葉にするためには、基礎知識がなければならない。
ボディメカニズム、脳科学、認知症に対する理解。
言葉を大切にしてほしいですね。

相談援助職は繋げる人

生活や価値観が多様化する時代です。

利用者、家族と事業者、介護職との関係性も多様化し複雑化する。

そんな中で、これまで以上に重要になるのが、介護支援専門員も含めた相談援助職です。

きっちりと「ソーシャルワーカー」としての役割を果たすことが求められる。

特別養護老人ホームでは生活相談員はかつて生活指導員と言っていました。

文字通り、指導していた。

しかし、生活相談員は「指導する」人ではありません。

生活相談員は「繋げる」人です。

だから、伝達力が求められる。

社会資源と利用者、家族。

施設の資源と利用者。

伝えて、繋げて、命を繋いでいく。

生活相談員の仕事をひとことでいえば「調整役」です。

調整が〝命〟です。

当たり前のこと

介護の世界を目ざす若い学生たちは、どんな施設に魅力を感じるでしょう。

私が勤務していた特別養護老人ホームでは、年間40名から50名の方の看取り介護を行っていました。

実習生は「その時職員はどのようにお年寄りに接触し、家族とコミュニケーションを取っているか」を、身近に見ることになります。

看取り介護ではさまざまなエピソードが生まれます。

人それぞれにドラマがある。

そこから、実習生は人の生き方、〝生きる〟とは何かを学びます。

介護の〝尊さ〟を学びます。

看取り介護だけではありません。

日常の介護がきちんとしているかどうか。

若い心をひきつけるポイントはそこにあります。

簡単なことなのです。

「素晴らしい介護」じゃない。

「当たり前の介護」をしていればいいんです。

日中着は夜間に着替えているか。

きちんと整容をしているか。

食後の歯磨き介助は。

朝起きて食堂に行くとき、目やにが付いたままになっていないか。

きちんと目配りがされていて、みんなが〝当たり前〟のケアをしている施設に若い学生たちは魅力を感じてくれる。

「ここで働きたい」と思ってくれる。

しかし、当たり前のことが評価されるということは当たり前ではないところがいかに多いか…。

その裏返しでもあるのですが。

教育

教育とは「当たり前の暮らしを支えるための技術を伝える」ことです。

伝えるためには、根拠に基づいたことを、日常からきちんとやっていなければなりません。

OJT（**On the Job Training**：実践を通しての訓練）もただ単に「私の後ろから見ていて」では駄目だと思います。

問題なのは、就職して3カ月後に夜勤をさせているところがあることです。

私は半年間、新人に夜勤をさせなかった。

半年たっても介護技術が未熟であれば「早く夜勤ができるように頑張ろう」と声をかけて先に延ばす。

介護の仕事に飛び込んだ人の多くは「人の役に立ちたい」という動機づけを持っています。

自分が働いていることで、社会に貢献できていると思いたい。

自分が生きている意味を、介護の仕事の中に見つけたい。

法人もそういう人を求めているのです。

それを求めて選択する。

逆に言えば、それを求めていない人は介護の仕事に向かないと思います。

人の不幸に気付かない人。

人の感情に鈍感な人。

機械的に仕事をこなせばいいと思っている人。

こんな人たちも介護の仕事に向かない。

私はそう思います。

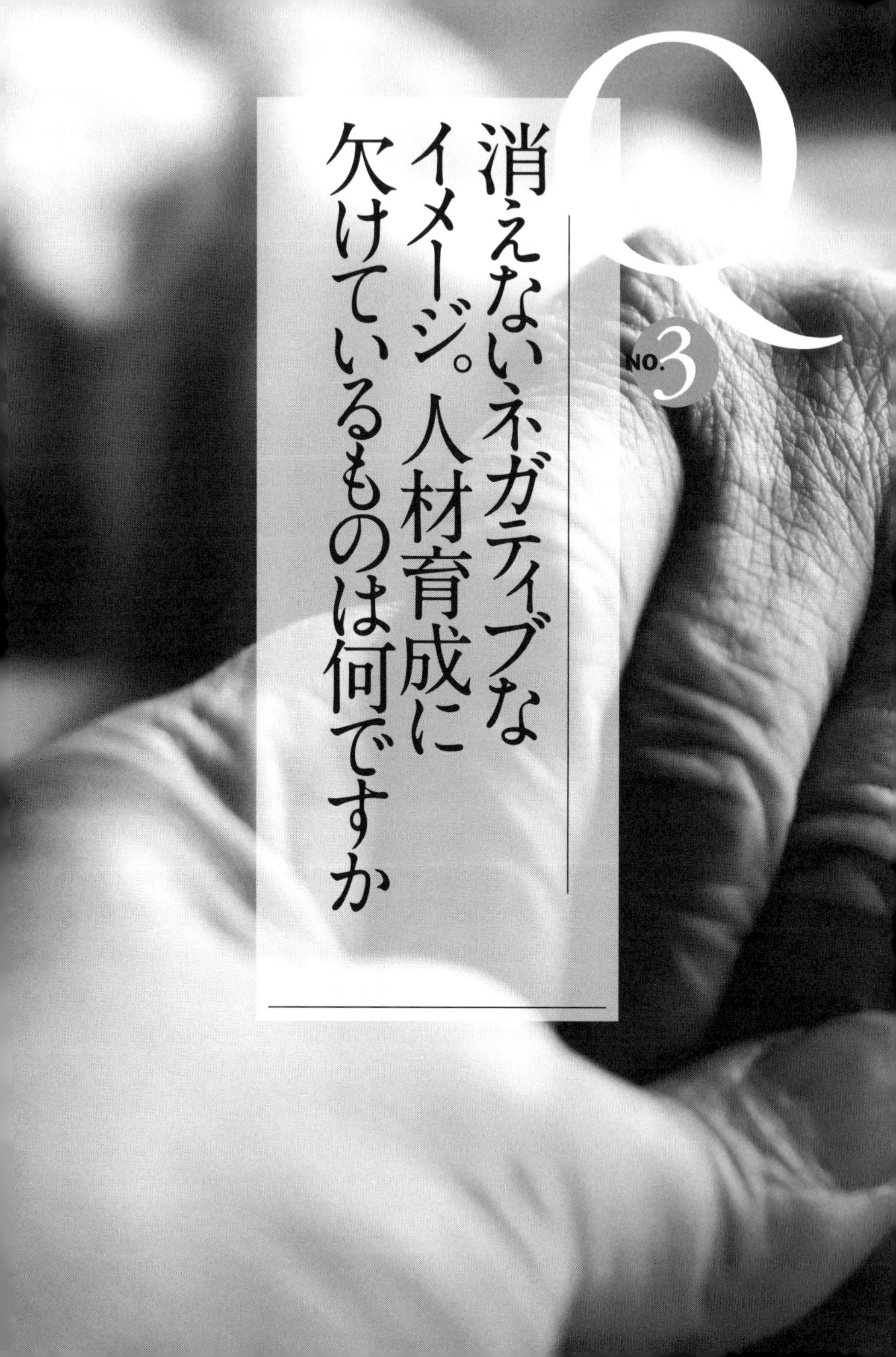

Q NO.3

消えない、ネガティブなイメージ。人材育成に欠けているものは何ですか

変われない介護業界

今の介護業界が何よりも果たすべきテーマは、他の職業ではすでに当たり前になっている「サービスマナー」を確立することです。

まともな社会人が就く職業にしなければならない。

私は30年前から言っていました。

「介護の常識は世間の非常識」、と。

これは、未だに変わっていない。

一番の勘違いは、「親しい間柄だから、タメ口で接することが望まれている」と考えていること。

改善されないのはなぜか。

ひとことで言えば、管理者、リーダーの質が余りにも悪い。

きちんとプロフェッショナルの考えを持ったリーダーが育っていない。

他業種から転職して3年、4年の人がリーダーになっている。

しかも、OJTのシステムも確立されていないからほとんど〝素人〟の人が入職したその日から実務をやらされる。

そんな職業は他にありますか。

研修をしないでいきなり現場に「放りこむ」。

そんなバカなことはあってはならないんですよ。

介護福祉士はよく看護師と比較されますが、基本的には看護ができない看護師はいないけれど、
介護ができない介護福祉士はたくさんいると思うのです。

資格が全てではないけれど、看護師は資格を取る過程でしっかりと勉強している。

一方、介護福祉士は専門学校を卒業するだけで、試験なしで資格が取れます。

だから、きちんと勉強をしていない人も多い。

しかも、必ずしも介護福祉士の資格が無くても、その日から仕事ができてお金までもらえる。

それが介護の世界です。

事業所によっては経験のある無資格者が、きちんと資格を取った人よりも高い給料を取っている
という実態もあります。

そして、年数がたてばリーダーになる。

リーダーにされてしまう、と言った方が正確かも知れないけれど。

今、その弊害が出ている、ということです。

介護福祉士の養成校を出ていれば、無試験で採用するところも多いと聞いていますが、養成校は
きちんと教育したうえで人を送り出しているでしょうか。

学期末試験で合格点を取れなくても、同じ試験問題で追試験を行って、無理やり卒業させている
ところもあると聞いています。

介護福祉士養成校の卒業生も試験を受けないと資格が取れなくなりますが、その時期は先延ばし

になっていて、完全実施は2027年度からになりました。

そんなこともあって、基礎学力の部分ではまだまだレベルが低いと思います。

そこのところをどう改善するか。

ネガティブ

残念ながら、介護や介護職に対するネガティブなイメージは無くなっていません。

小規模な事業所は比較的給料が安い、ということもあって介護職全体の待遇が「悪い」と思われている。

しかし、こと社会福祉法人に関して言えば決してそのようなことはありません。

「国家公務員の給料に準ずる」という措置時代のルールを引き継いでいる法人も多い。

「準ずる」とは同じくするという意味です。

北海道の小さな町では、役所の職員と同等の待遇をしている法人もたくさんあります。

だから介護業界全般を見て「待遇が悪い」というのは当たらないし、女性の場合、正社員であれば他業種と同等かそれ以上、という統計もある。

しかし、小規模事業所に限って言えば「これ以上発展させようと思わない」経営者が多いことから、10年経っても給料が変わらないところも少なくありません。

そもそも介護保険制度が始まった当初、通所介護はすごく単価が高かった。

特別養護老人ホームの1時間単価よりも高かったと記憶しています。

小規模の事業所を立ち上げるのは容易な時代でした。

だから経営力が無くても、なんとか経営ができた。

今でも、その時の感覚でやっているから「つぶれる」のも当然だし、いつまでも小規模のままで通所介護の経営ができると考えている方が、「どうかしている」。

経営体力を付けたら、多角化していかないと。

人は戦略的に育てる

人材不足が深刻な中、この世界に合わない人も採用する。

そうすると「やる気」のある人は辞めていく。

必然的に介護の質は上がらない。

むしろ、落ちていく。

そのような施設には良い人材は集まらない。

やむを得ず、誰でも採用せざるを得ない。

このような悪循環に陥っているのが、今の介護業界です。

経営姿勢が甘いと思います。

「人手」がないことは一時期大変かもしれませんが良い人を選んで、じっくり育てていく。

時間をかけて、きちんと介護の「質」を作っていくことが大切なのですがそれをやっていない。

そもそも、ただ経験を積めば人は育つ、という甘い考えを持っている経営者が実に多いと思うのです。


人を育てるシステムが確立していないところに、人が集まるはずがない。

コンサルタント的な立場から言えば、応募を3倍に増やす方法はいくらでもあります。

しかし簡単に増やして、ただ「頭数」を増やしても、辞めていく人も多いのです。

簡単に入った人は、簡単に辞めていく。

まずやるべきことは、応募者を増やすことよりも「定着率」を上げること。

それに尽きると思うのですが、そこに目をつむってひたすら応募を増やすことのみにエネルギーと経費を使っている。

応募を増やすノウハウと育成のシステムをセットにすることで優秀な人材は集まってくるにもかかわらず、それをやろうとしない。

教えても実行できない経営者が多い。

そもそも人を育てるための「知識」が不足している。

「人材不足は人災」と言えるかも知れません。

本当は「人材」を育てることにお金をかけるべきなのですが、お金をかけたくない。

一方で人材派遣会社に対して〝ムダ金〟を払っている。

そんなお金があるなら、どうして育成に回さないのか。

少し時間はかかるかもしれないけれど、それがやがて法人の財産になっていく。

派遣は全く財産にはなりません。

しかし、多くの法人が派遣に頼っている。

我慢ができなくて、派遣に走ってしまう。

「派遣に頼らざるを得ない」となったら思い切って事業を収縮させた方が、よほど「ポジティブ」だと思うのです。

たとえば、一時的にショートステイを休止する。

定員数を削減してもいい。

そして、自前で人を育てる。

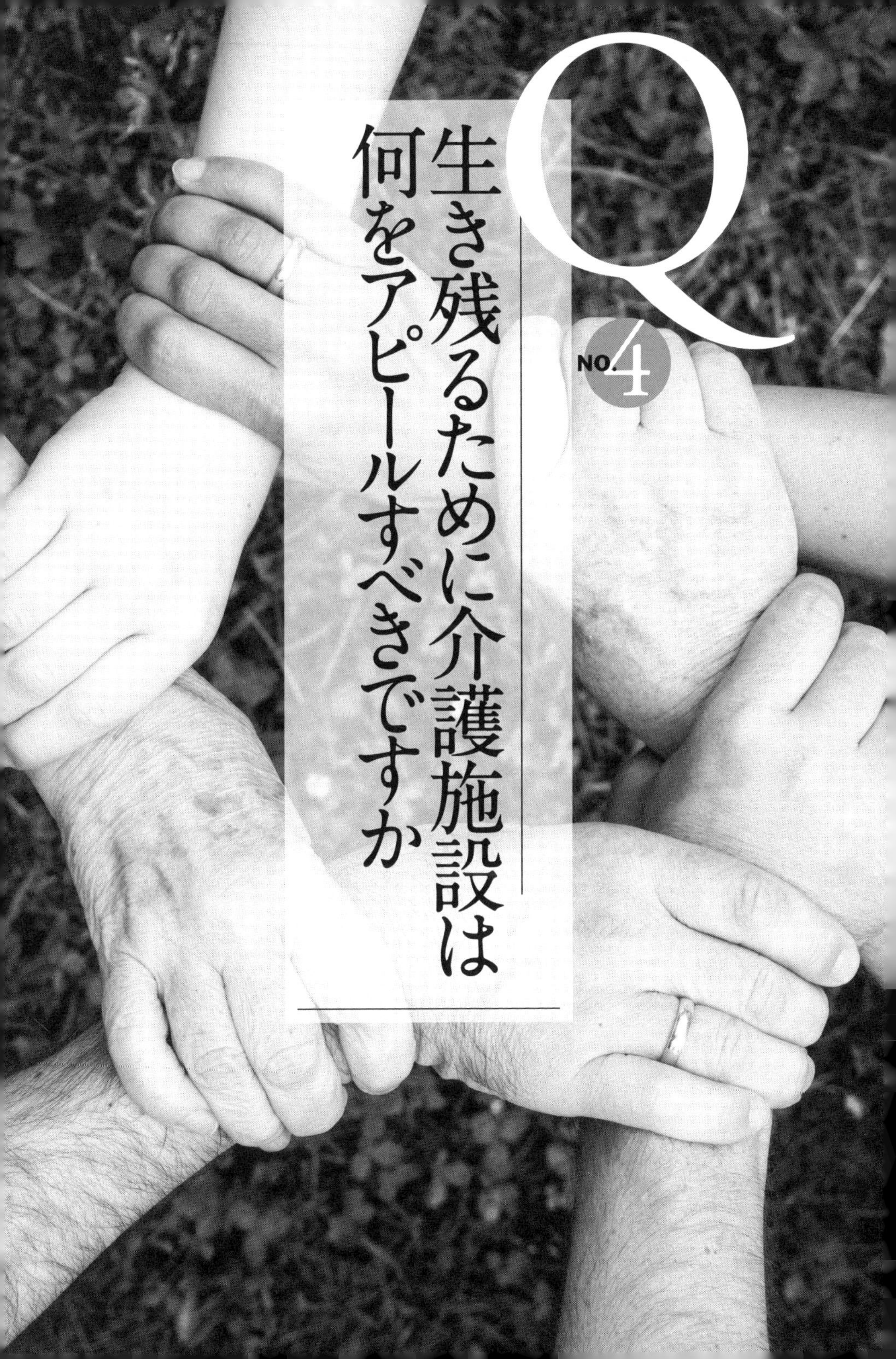

Q NO.4
生き残るために介護施設は何をアピールすべきですか

多角的な広報戦略

まずは人を集めるための基盤として、良い人材が「来たい」と思ってくれる理念を作り上げ、その人たちに酬いるシステムを整え、それを広報する。

きちんとした理念があり、システムを作って実践していれば広報する手段はいくらでもある、ということです。

今はネットの時代ですが、同じインターネットでも「公式サイト」と「SNS（ソーシャル・ネットワーク・システム）」では役割が全く違います。

ひと言で言えば、公式ホームページは施設のことを最終的にチェックするサイトであり、そこにたどり着く間に「たまたまヒットする」のがSNSです。

だから、SNSには詳しい情報は要らない。

何となく「面白そうだな」と思わせればいい。

「なるほど」と思った人は、自分から公式サイトに繋げてきます。

これだけ介護事業所が多い時代です。

「良いケアをしていれば人が来る」という考えそのものが間違っている。

公式サイトに偶然たどり着いて入職してくれる、などということもありえない。

多角的な広報戦略がない限り、人は来てくれません。

A

私が勤務していた施設では、道外からも職員が来てくれましたが、「私のブログを見て」という人も多くいました。

1日に3千とか4千人の介護関係者が見てくれていますし、掲示板にいたっては1万人を超える人たちが見てくれている。

SNSでは具体的な仕事のことをできるだけ書くようにしています。

実際にこんなことをして、結果はこうなった、と。

「こうしなければならない」的な〝論〟ではなく、やっていることを具体的に書く。

もともとは高い理念を持って始めたわけではなく、〝いたずら〟で始めたことですから。

SNSでコミュニケーション

施設の公式サイトを立ち上げたのは介護保険制度が始まった2000年です。

私が担当して作ったのですが、最初は誰も見てくれなかった。

アクセス数は10件もあったかどうか。

関係者しか見ていなかったというか、関係者さえ見ていなかった。

ただ情報を流しただけでは、だめなのではないか。

コミュニケーションを交わす必要があるのではないか。

そう思って無料の「掲示板」を始めました。

しかし、誰からも書き込みが無く、2週間で自然消滅したことも数知れず。

それでもめげることなく、少ないながらもアクセスしてくれる人に丁寧に答えている内に少しずつ介護の関係者に繋がっていきました。

それでも100人ぐらいの〝常連さん〟とのチャット的なやり取りに過ぎなかったけれど。

それが、今では1万件にもなっていて、そこからブログでの情報発信に繋げていきました。

私のブログの場合、毎日更新していたのが大きいと思います。

面白いことでも、面白くないことでも、とにかく毎日書き込み、発信した。

アップする時間はいつも12時15分。

書く方も見る方も、昼ご飯を食べながら、書き、読む。

公式サイトに書けないことをたくさん発信し、それを公式サイトとリンクさせることで採用面でも大きな効果があったと思います。

全国から「働きたい」「実習させてほしい」という人も現れた。

ブログには職員のことも書き込みます。

こんなに素晴らしいことをしている、ということよりも失敗したこととか、駄目な点を書くことが多い。

もちろん、ほんの少し良いことも…。

職員には「励み」になっていたと思っています。

私にとってもストレス発散になっていた。

唯我独尊。

自分中心。

1日に1記事しか書きません。

もう20年近くになりますが、全く負担になっていない。

もともと本が好きで、書くことも好きですから。

見せる介護を

介護職員が世間の常識からかけ離れてしまうのは、ひとつの事業所の中に閉じこもってしまうからなんですよ。

他業種から転職した職員に対して、「忙しいから」研修にもまともに出さない。

外の世界と遮断している。

もちろん、地域との交流はほとんどない。

今、施設ではどんなことが行われているのかを地域にきちんと見せなければ駄目ですね。

他の事業者、市民との交流機会も絶対に作るべきです。

介護について、世間の人はどう見ているのか。

市民との交流を通して知ってほしい。

そうすれば常識から外れた介護なんてできませんよ。

看取り介護でも、部屋から一歩も出さない、他の人に見せない、ということが行われている。

それでは「密室介護」じゃないですか。

そんな施設で看取り介護を受けたいと思いますか。

家族はそんな施設に大切な親の看取りを委ねたいと思いますか。

「見せない介護」から生まれるのは何か。

それは「見えない恐怖心」でしかないと思います。

考えてほしい。

兼業のすすめ

今の介護給付費だけでは、大幅な報酬増が望めません。

残念ながら、それが現実です。

しかし、リーダーであればそのノウハウを人に教えることができるはず。

働き方改革が言われている今、その一環としてリーダー層には「兼業」を認めてもいいのではないかと思うのです。

私も施設に勤務するかたわら、介護ヘルパー2級講座の講師をやっていたこともありましたが、ある時リーダーに講師役を変わってもらいました。

見事に〝代役〟を務めてくれた。

もちろん、講師料は彼女の私的収入として認めていました。

確定申告さえすればいいと…。

彼女のモチベーションも、一段とアップするきっかけになったのではないか、と思います。

優れた人材をひとつの施設で抱え込むのは、いかにも「もったいない」。

その人のノウハウを地域のために生かして、地域全体の介護力を向上させることも考えてほしい。

例えば、ほとんど遊んでいる施設の交流スペースをリーダーが無償で借り受け、他の施設の職員も対象にした有料セミナーを開催する。

もちろん参加費は全額「講師」が受け取る。

職員は講師ができるリーダーを目指してがんばる。

こういったことも考えていいのではないかと思うのです。

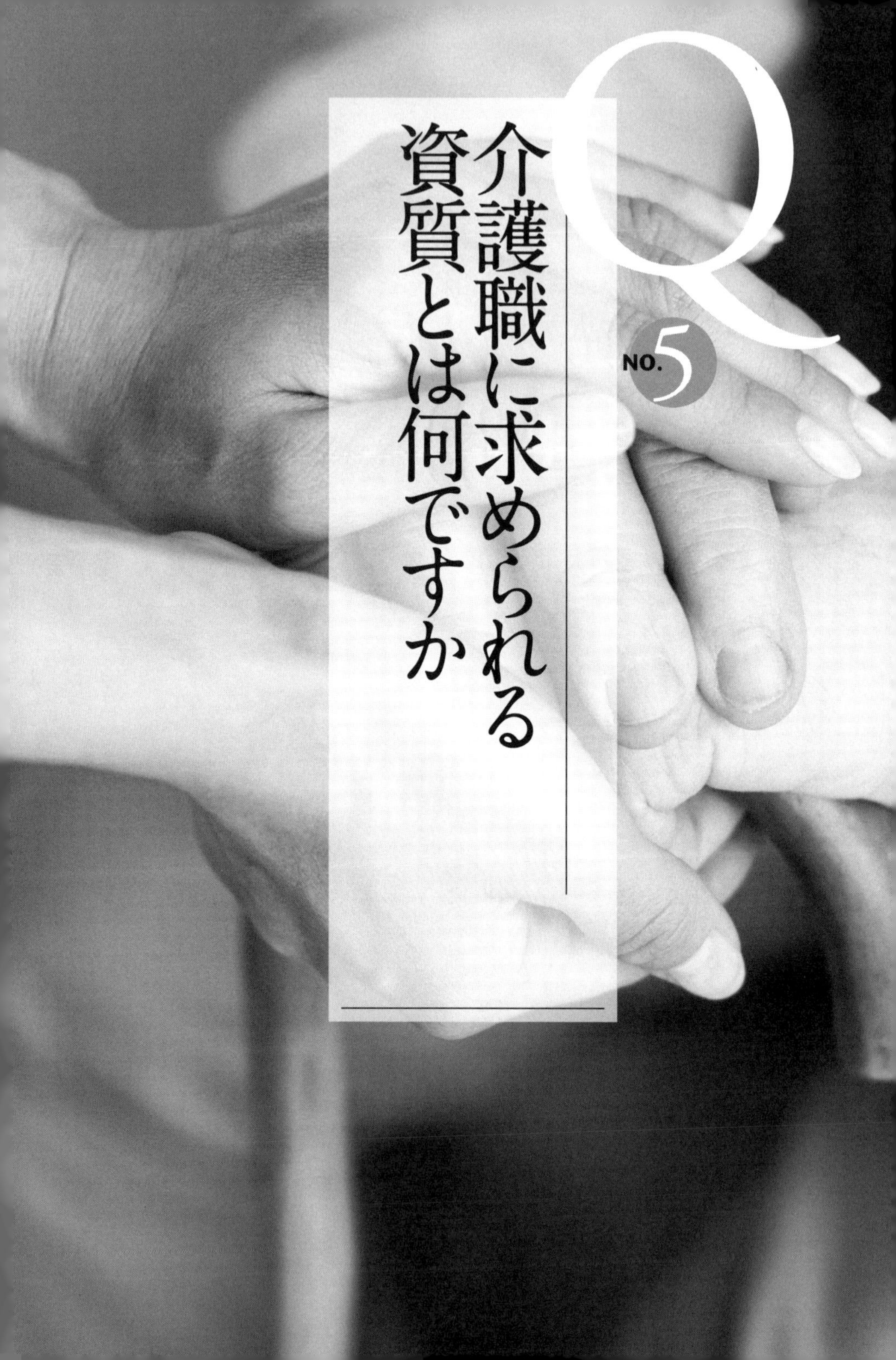

Q NO.5 介護職に求められる資質とは何ですか

あかい花

私は今、北海道・登別で『北海道介護福祉道場あかい花』という任意団体を主宰しています。

「道場」と言うといささか物々しい印象ですが、共に切磋琢磨する、という意味ではまさに道場ではないかと。

「門弟」は北海道内で仕事をする20代の介護職に限って受け入れています。

北海道の高齢化を支える介護人材を作りたい。

人数は5人限定で、月に1回、7時間ほどの座学を行う。

授業料は無料。

ただし、2年間、登別に通えることが条件です。

看護師の世界に比べて、介護の世界が決定的に遅れているのが、人材を育てる環境であり、介護の何たるかを伝えていく仕組みだと思うのです。

あなたがどんなに立派な「ケア」を作っても、その技術、心構え、介護職としての矜持《きょうじ》を引き継ぐ人がいなければ、いつまでも介護という職業が「誇り高い仕事」にならないのではないか。

先人の思いを受け継ぐことで、自信を持って仕事を続けてほしい。

この「5本の花」が10本、20本となり、それぞれのステージで多くの〝あかい花〟を咲かせてくれることを期待しています。

A

介護職の資質

人を守るということは、その人のプライベート空間に「足を踏み入れる」ことでもあると思うのです。

その人の〝価値観〟に介入する。

お金を儲けることは一向に構わないけれどどこの「根本」を忘れてはならない。

しかし、誰でも足を踏み入れることはできません。

「人間力」が問われるからです。

「人間愛」と言ってもいい。

人が〝好き〟でなければ介護の仕事はできないと思います。

しかし、これが介護職の〝資質〟かと言えば、そうではありません。

ある意味、当たり前のことだからです。

それでは、介護職の資質とは何か。

私が思うのは、人を守るために「何をしたらいいか」を突き詰めて考えられることであり、根拠に基づいた知識を持てるかどうか、だと思うのです。

根拠に基づいてしっかりと考えられる人材が育ってほしい。

『北海道介護福祉道場あかい花』を開いた動機もそこにあります。

私の経験を余すところなく伝えたかった。

踏み台

道場の門を叩く人は、「介護を通して社会の役に立ちたい」「介護リーダーとなって業界そのものを引っ張っていきたい」といった志《こころざし》を抱いていると思います。

そのための『根拠』を持ちたい、と。

しかし、私からは決して「こうしなさい」と言いません。

私が経験したことを、実例を交えて伝えるだけです。

2年間をかけて。

それをどう使うか、活かすかは本人次第。

結果は一切問わない。

無責任のようですが、これが『あかい花』のスタイルです。

そういった意味では「塾」に近いかも知れない。

少人数に絞って、徹底的に座学を行う意味では。

なぜ、このスタイルを貫くのか。

それは「リトルmasa」を作っても仕方がないからです。

私が伝えたことも吸収して、それぞれの「人」になってほしい。

私を〝踏み台〟にして、1段も2段も高みに上ってほしい。

「きちんと考えられる人になりなさい」というのが基本ですから。

決して「教えられたことしかできない」人を望んでいない。

考える人であれ

介護職は「考えることができる人」でなければ駄目なんです。

マニュアルは必要ではあるけれども、実際の介護の現場ではあまり役に立たない。

同じ認知症の方でも、一人ひとり、全く違いますから。

その一人ひとりをケアするに当たって、マニュアルを〝応用〟できるか。

臨機応変に考える力があるかが問われる。

教えたことしかできない人は、介護の世界から去った方が良い。

「考える」ということは、相手の気持ちになることができることであり、相手の立場に立って振る舞うことができることです。

「答え」はその現場にしかない。

教科書に書かれていない〝現実〟が、介護の世界には待ち受けています。

自ら考えて、臨機応変に答えを見つけだす。

それが、「考える」ということです。

考える人になるために必要なのが、日頃からの訓練です。

毎日の業務の中で考える力を養う。

介護現場で行われることには、必ず「根拠」があります。

例えば、なぜ介護職が立ったまま食事介護をしてはいけないのか。

それは、嚥下は前傾姿勢でなければスムースにできないからであり、前傾姿勢が自然に取れるようにするには、食べる介助をする人を見上げなくてもいい姿勢にしなければなりません。

喉がつまらないように、食べさせる人は食べる人と目線を合わせて、口の前からまっすぐスプーンを出さなければならない。

そうすると必然的に介助者は食べる人の前に座って、サービスをしなければならない。

これが、根拠です。

食べる、排泄する、移動する、そして入浴する。

方法論だけを教えても、「なぜ、こうしなければならないか」という根拠を示して教えない限り、応用が利かないばかりか、原則とはずれた方法が横行しかねない。

自分の都合のいいように変えられてしまう。

そのほうが「楽」だから。

私が道場で伝えているのは、『根拠』です。

1回につき7時間。

私が経験したことを伝える。

ほとんど具体的な体験談です。

しかし、その場で消化し、結論付けることはしません。

グループワークであれこれ議論することもない。

各自に持ち帰ってもらう。

そして、各自で考えて、消化する。

経験を聞く

考えるための方向性を示してくれるのが、経験です。

しかし、全てのことを経験するなどということは不可能です。

ましてや経験の浅い介護職にとっては。

いきなり「考えろ」と言われても、考える方向が定まらない。

仮に5年間の経験があったにしろ、それだけではとても追いつかないのが高齢者介護です。

だから、いろいろな人からさまざまな経験談を聞くことが大事なのです。

豊富な経験があるベテランの介護職は、経験したことを伝えなければならない。

ただし、いち施設内のOJTだけで十分ではありません。

そこから飛び出して、外の空気に触れなければならない。

そこには全く違う考えの人たちがいるはずです。

それを吸収する機会を与えなければならないし、法人は職員から〝聞く〟機会を奪ってはならない。

厚生労働省が企画する〝上から目線〟の研修ではなく、経験に基づいた研修に人を出さないところは、やがては人材がいなくなると思います。

とにかく、人の経験を聞く。

実践論を学ぶ。

そこから「考える力」が養えるのです。

失敗しない人はいません。

失敗しないことではなく、失敗からどんな教訓を得たか、何を学んだか。

それが大事です。

失敗したことをオープンにして、なぜ失敗したかをみんなで共有する。

そうすれば、自分が経験していなくても、適切に対応できることも少なくない。

だから、失敗談も含めて「経験」を聞くことが重要だということです。

Q NO.6

利用者像の変化、利用者減にいかに備えるべきですか

団塊世代

今後、団塊《だんかい》世代と言われた人たちが、利用者になっていきます。
今までの高齢者の方とは違う対応が求められのではないかと思うのです。
その人たちは、一番優遇されてきた世代です。
しかも、他の世代より人口的に大きな塊《かたまり》で、その人たちが消費の中心だった。
だから自己主張が強い。
自らの好みを明確に持ち、それを隠さない。
ある意味、〝わがまま〟と言ってもいいと思います。
世間も彼らのニーズに応えてきた。
当然、介護サービスにも自らの思いを投影させたいと思うかも知れない。
自分たちの〝ニーズ〟に応えてくれるかどうか。
しかし、そのニーズに応えるだけのノウハウや体制が果たして介護業界にはあるのか。
はなはだ厳しいと言わざるを得ない。
彼らはサービスマナーが十分ではない介護従事者に、果たして耐えられるだろうか。
自分の思いが叶わない時、一番傷つく世代ではないかと思うのです。
その人たちをどうやって守っていけばいいのか。

A

国も決してバラ色の未来を描いていません。

人手不足はますます深刻の度を増している。

しかし、手をこまねいているわけにはいかない。

国や行政の責任を追及するばかりでは、一歩も先には進めない。

では、どうするべきか。

介護職の立場で、何ができるのか。

私は、現場の人たちの「自覚」にかかってくると思っています。

まずは自らが所属するところで人を育て、人が張り付いて、きちんと一定程度のサービスが提供できる体制を、それぞれの法人なり事業所なりに整える。

国に任せても仕方がないのです。

「加算」や「処遇改善」頼みでは先が見えない。

まずは一事業者として、地域の勝ち組を目指してほしい。

サービス競争を勝ち抜いてほしい。

そうすれば、待遇も良くなり優れた人材を呼び込むことができる。

まずは、自らができることからしっかりと身を固めること。

制度に「文句」を言う前に。

これからは、特別養護老人ホームなどの介護施設は「選ばれる」時代です。

利用者を「選ぶ」時代はとうの昔に終わっている。

２０４０年頃をピークに利用者も減っていきます。

そんな中で高齢者施設はどうあるべきだろうか。

もちろん、『バラ色の高齢社会』を作ろうとしても始まらない。

まずは、介護を必要とする以前の「普通の暮らし」を護ることが先決ではないだろうか。

そして、サービスを利用する人のニーズにしっかりと応える。

しかし、そんな施設は未だに少数派であることを知っておいてほしい。

どんなケアが団塊世代と言われた人たちにマッチするのか。

残された時間は長くない。

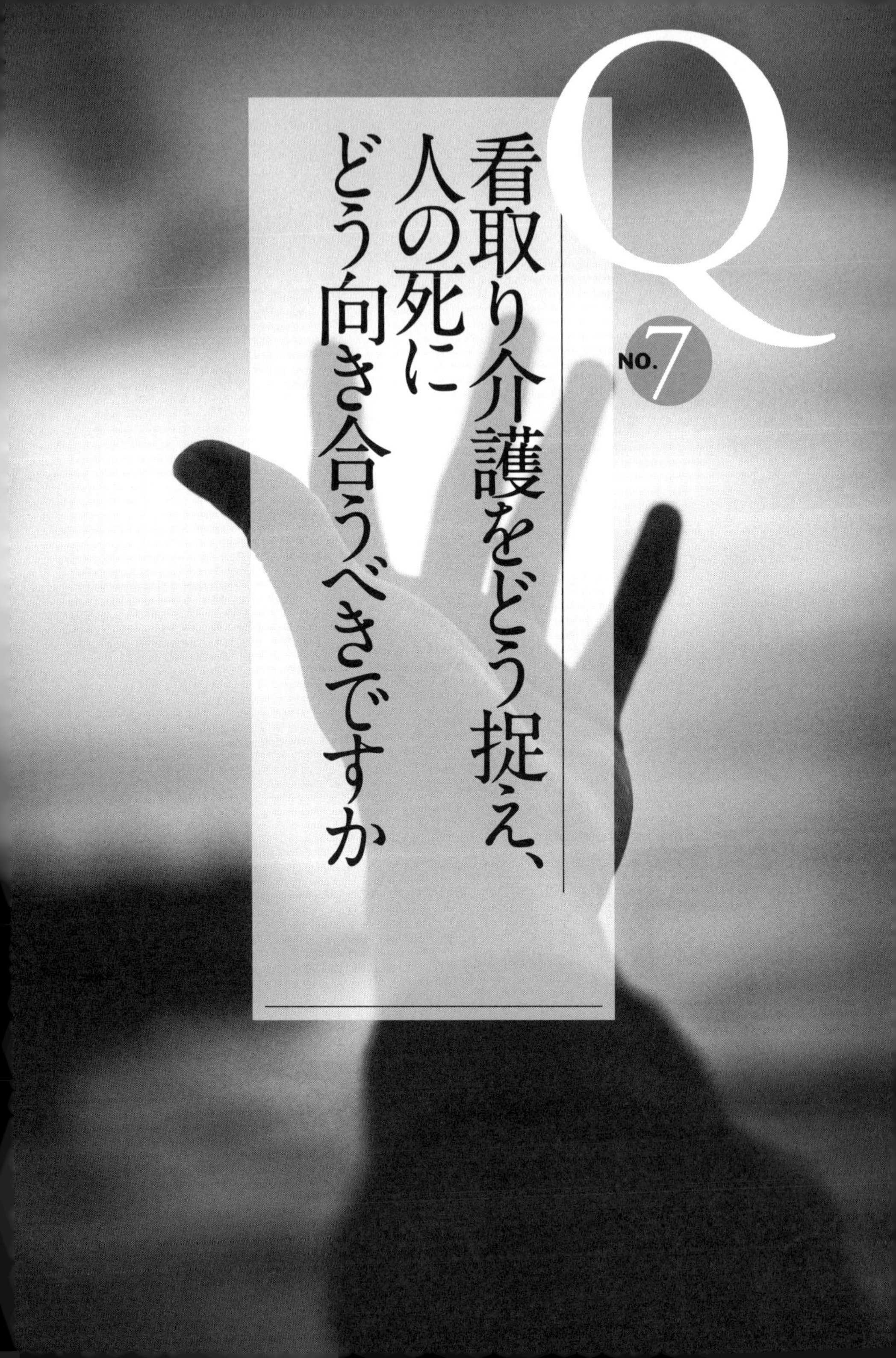

Q NO.7

看取り介護をどう捉え、人の死にどう向き合うべきですか

生きるための支え

最近、「死を忌避《いき》する」という考え方が少し変わってきたように思います。

私の親の時代、末期がんの告知はされないことが普通でした。

今、「治らない」がんも告知され、自らの死期を知るのが当たり前の時代です。

少しずつですが、病院ではなく「在宅」で死を迎えるケースも増えてきた。

遠くにあった死が〝近く〟なっている。

身近なものになっている。

そんな中で、看取り介護も「当たり前」の時代になってきたと思うのです。

しかし、看取り介護というのは〝高尚《こうしょう》〟なものでは決してないということを、心に留めておいてほしい。

看取り介護は、「理念」ではないということです。

生きるということは素晴らしいこと。

その素晴らしさを、最後まで全うしてほしいから、医療と看護、介護がチームとなって、最後まで人間らしく、安楽に過ごしていただくための環境を整える。

ただそれだけのことです。

死の援助ではなく、最後まで生きるための支え。

それが、看取り介護です。

終末期を迎えた人は、身体にどういう変化が起きるのか。

それに対応するには何が必要なのか。

正しい知識さえ持っていれば、介護職だからこそできることはたくさんあります。

人の「生きる」を支えるということと、自分が生きていることに感謝することは
同じ延長線上にあると思うのです。

「生きる」ことに何の違いもない。

〝素晴らしい〟介護は必要ないのです。

そこに身体の不自由なお年寄りがいて、私たちの助けがなければ生きていけない。

看取り介護も同じです。

決して別のステージではありません。

日常の延長線上に「死」があると思えばいい。

特別なことではない。

だから、身構えないでほしい。

そこにいるのは、たまたま死期が分かっているだけの人なのだと。

だから、「看取り介護をしない」とか「看取り介護ができない」ということは、「ケアをしない」「ケアができない」に等しいのです。

命のバトン

看取り介護に入る前に、ご家族と同意書を取り交わします。

この同意書には二つの意味があります。

一つは、医師が終末期と診断したことを、関係者全員で共有する。

もう一つが、残された時間を意義深いものにすることです。

凝縮した時間の中で、逝く人に思いを寄せる人たちが集って、新たなエピソードを紡ぎだす。

親から子へ、そして孫へ。

まさに「命のバトン」をリレーする時間。

それが「看取り介護」だと思うのです。

看取り介護を受けながら、自然に「死」を迎えるという生き方。

経管栄養や胃ろうを受けながら命を繋ぐ生き方。

「命のバトン」をしっかり受け継ぐためには、どういう「生き方」がいいのか。

しっかりと考えたい。

つなぎ介護

看取り介護は、以前、ターミナルケアと言っていました。

しかし、「ターミナル」は医療用語です。

看取り介護に加算が付くことになった時、ネーミングが問題になりましたが、結局「看護をする」という意味がある「看取り」に落ち着いた。

しかし一般市民から、看取り介護に対する異論がありました。

「看取り」と言うと、看取る側の〝言い分〟ではないか、と。

そこで私が考えたのが「つなぎ介護」です。

命を繋ぐ介護。

「死」は終わりではない。

まさにこの時間こそ、生と生を繋ぐ時間だと思うのです。

死の瞬間を意識するからこそ、その〝思い〟が残された人に受け継がれていく。

だから、つなぎ介護。

看取り介護が浸透していますが、その思いに変わりはありません。

命と命を繋ぐ時間。

それが「看取り介護」です。

この「命のリレー」こそが世界の歴史を作ってきた、と言ってもいいかも知れない。

遺された人のために

看取り介護は遺される人に重要な行為です。

逝《ゆ》く人だけではなく、遺される人のためでもあると思ってほしい。

私が働いていた北海道の施設でのことです。

神奈川県に嫁いだその人は、結婚以来一度も母親と住んだことがありませんでした。

母親が看取り介護になると聞いたとき、「死に目に会えずに後悔したくない」という思いから登別に駆けつけ、40日間、母親の部屋に泊まり込むことを決めました。

2人にとって、どんな時間だったのでしょうか。

たぶん、いろんなことを話したと思うのです。

その人が幼かった頃に戻ったかもしれない。

母と娘。

残された時間が分かっているからこそ、1分、1秒がどれほど尊いものだったか。

それまで「ひとつも恩返しができなかった」と言うその人は、40日間母親に寄り添うことによって、何分の一でも恩返しができた、と言いました。

この思いが、また次の世代に繋がっていく。

たぶん、このような〝思い〟の積み重ねで、家族の歴史は作られていくのだろう。

グリーフケア

私は「グリーフケア」について、あまり重要だとは思っていません。

常々、職員に言っていました。

「グリーフケアが必要ないケアをしよう」、と。

きちんと看取り介護をすれば、グリーフケアなんて必要がないのです。

グリーフケアは、自分よりも若い人が亡くなった時に必要とされることもあります。

しかし、高齢者の場合は、何日間でもいい、最後の時間を安楽に過ごすことができれば、グリーフケアは必要ないのではないか。

その人が安楽な死を迎えることができることで、残された人にとって生きるための支えになる。

それが、看取り介護だと思うのです。

デス・カンファレンス

人の死に対して、介護職員はどう向き合えばいいのか。

最も効果的なのは、亡くなった後に行う「デス・カンファレンス」です。

進行は主にケアマネジャーが行い、主任やユニットリーダー、担当職員が参加します。

一つひとつのケースを検証して、どんなことを考え、何ができて、何ができなかったかを、みんなで話し合う。

職種によって意見が異なることも多いのですが、まさにそのためのデス・カンファレンスです。

違う意見を包含して、一つの方向性を見つけ出す。

それが看取りに直面する職員に自信を持たせることに繋がると思います。

安静

ある施設で看取り介護の現場を見せていただいた時のことです。

その部屋は、昼間にも拘らずカーテンが引かれていました。

暗い部屋です。

その上、プライベートカーテンまで引かれている。

何の音もしません。

その人は寝ているのか、起きているのか。

ただ静かに横たわっている。

その時、思いました。

安静にさせることが「看取り介護」だと思われては困る、と。

そこに、人の〝息吹《いぶ》き〟が感じられないのは、看取り介護じゃないんです。

少し首を傾げた先には外の景色が見える。

今日はどんな天気かな、と気にかける。

季節の移り変わりを感じることができるかもしれない。

人の暮らしの息吹きが感じられない部屋で、誰が生きたいでしょうか。

その瞬間まで、その人らしく生き切っていただくために看取り介護があるということを、忘れてほしくないのです。

背景

人は誰でも老い、やがては死を迎えます。

介護職はその過程に関わっているにすぎません。

今、必要とされることに応えればいい。

老いてはいるけれども、それぞれに生きてきた「背景」があるということを、忘れてはならないと思うのです。

人生という重い荷物を背負って、一生懸命に生き抜いてきた誇りもあります。

間違っても、介護職はその人たちの〝思い〟を傷つけることがあってはなりません。

生きてきた背景に心を配りながら関わっていくことが大事です。

それが、本当のプロなのではないでしょうか。

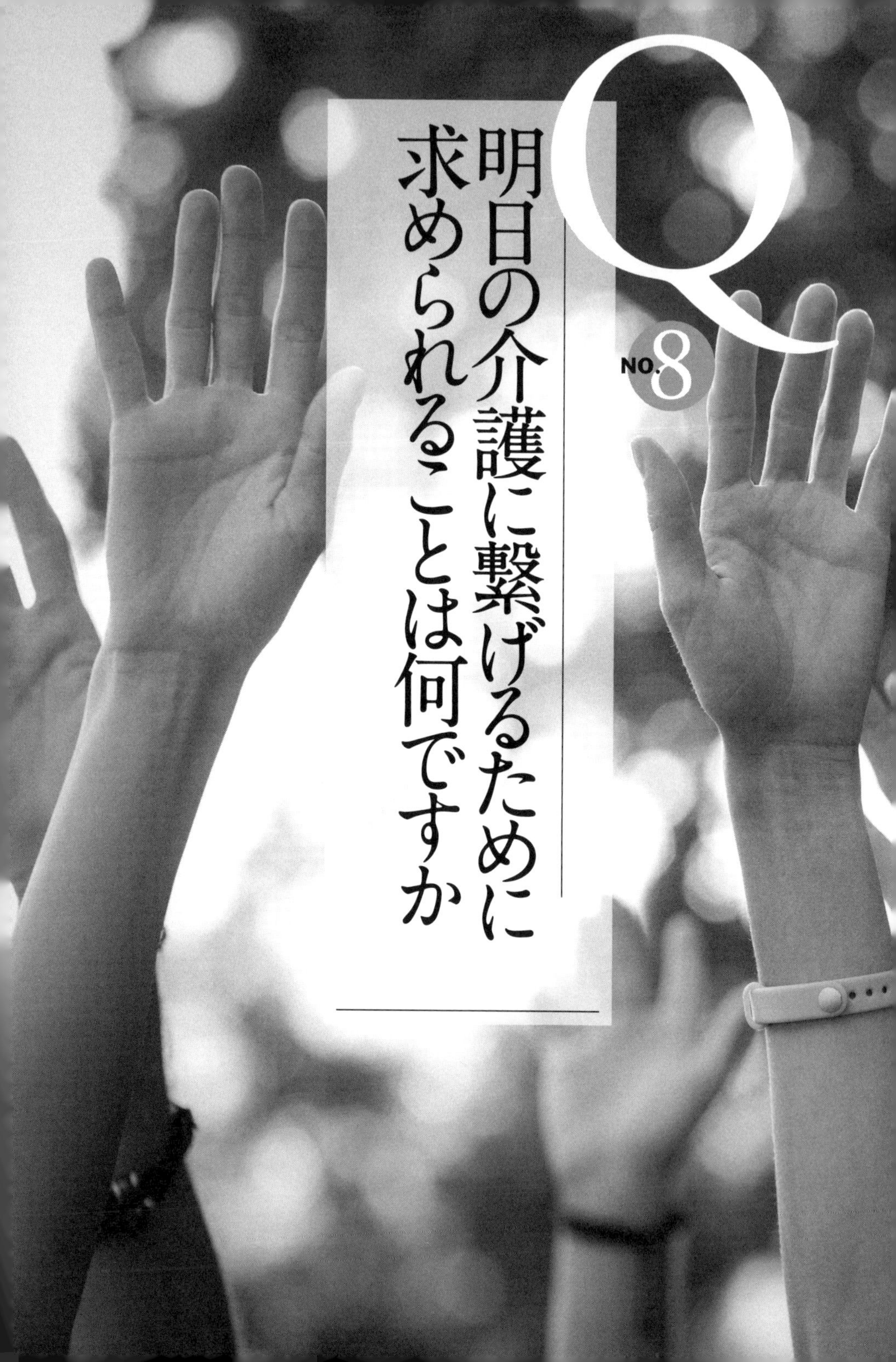

Q NO.8

明日の介護に繋げるために求められることは何ですか

対人援助

介護職は対人援助のプロです。

金儲けのプロではない。

人を支えることが仕事だということです。

だから、介護報酬がつかない家族のことも援助できるし、家族も含めて支えなければ、対人援助は成立しません。

そのためにも、人が好きになれるかどうか。

人に対して優しくなれるかどうか。

愛情というのはエビデンスにはならないけれど、絶対にエッセンスとしては必要とされるし、それの無い人は介護の仕事には向かないと思うのです。

リーダー

現場で最も影響力があるのはリーダーです。

リーダーだからこそ介護職に対人援助の何たるかを教えることができると思うのです。

A

優秀なリーダーをいかに作り、育てるか。

そして、リーダーが働きやすい環境をいかに作るか。

それが管理職の仕事です。

信念を曲げない

介護の世界には今、優れた感性を持つ優秀な人たちがたくさんいます。

その人たちに言いたい。

信念を曲げないで、自信を持って新しい世界を切り開いてほしい。

柔軟な思考回路を持ちながら、もっとその才能を伸ばしてほしい。

モチベーションは人から与えられるものではありません。

日々の仕事の中に喜びを見出しながら、自分で作っていくものです。

しかし、モチベーションを最も高めてくれるのは、自分の仕事が他人に認められた時です。

利用者からの「ありがとう」のひと言。

ご家族からの感謝の手紙。

これだけで「頑張ろう」と感じるのが介護職です。

これって、素晴らしいことだと思いませんか。

だから、介護は面白いと感じませんか。
この介護の面白さを、後に続く人たちにどう伝えるか。
それには、あなた自身が面白く感じることができるかどうか。
介護の明日は、全てここから始まると思います。

優しさの条件

私たちが求める答え

対人援助の職業には、利用者の感情に寄り添うというスキルが求められる。

愛とか優しさはエビデンスにならないし、そんなものに頼る介護は信用できないという人もいるが、時として支援者の愛情ある対応や、ちょっとした優しさが大きな問題を解決する糸口になることがある。逆に、優しさに欠ける対応によって認知症の人の行動心理症状はエスカレートし、愛のない言葉掛けによって泣いている利用者やその家族もいる。「愛情」や「優しさ」などという〝不確かなもの〟に頼らなければならないことを嘆くのではなく、愛情や優しささえも自らのスキルに組み込んでしまえば良いのだ。「それを持てない人は介護のプロとして認められない」と思えばいい。なぜならば、対人援助とはまさに人に相対し、決して理論化できない人の感情と、正面から向き合わねばならない職業だからだ。

人の感情は、こうした場面でこのように対応すれば、必ずこうなると言えるものではない。同じ場面で同じように対応しても、相手が違えばそこで生まれる感情も異なってくるのだ。喜怒哀楽とはそれぞれの個性ある人の内面に生まれるものなのだから、同じ場面・同じ状況でAという人が喜びの感情を抱いているのに、Bという人は哀しみを抱いてしまうこともある。介護に科学を取り入れる難しさもそこにある。そうした不確かな感情に向き合う私たちは、どんな感情に向き合っても、その感情に巻き込まれずに冷静に対応するというだけではなく、その感情をできるだけ温かく受け止め、やるせない思いを包み込む人であることが求められる。それが他人のプライバシーに踏み込んで生活の糧を得ている、私たちの責任だと思っている。

だからと言って、自分の性格を変えてまで「優しい人になれ」と言っているわけではない。対人援助に携わる人々にも個性があって、性格的に優しい人と、必ずしもそうは言えない人がいるのは当然だ。しかし、どんな職業も自分の性格を〝丸出し〟にして全うできる職業は存在しない。利用者に愛情を持って優しく接する方法論の中にこそ、私たちが求める答えが存在するのだと信じたい。

求められる強い心

優しさの「優」という文字は、人を憂《うれ》えると書く。それは「良くないことになるのではないかと心配する気持ち」を表す言葉である。向き合う利用者のさまざまな事柄に、憂える気持ちを持つことが大事なのだと思う。私たちが憂えることをしないで放置すれば、壊れてしまう人がいるかもしれない。そうしない唯一の方法は、憂える私たちができうる限り、愛情と優しさもある態度で接することだ。

だが人に優しくするためには条件がある。他の感情に負けない〝強い心〟を持ち合わせなければならないのだ。私たちは自分の中に渦巻くあらゆる感情に身を任せ、時には怒りにまかせて粗暴にふるまうことがあるかもしれない。しかしその感情をぶつける相手が、支援の手を差し伸べなければならない人であったとしたら、その瞬間に関係性が途絶えるばかりか、私たちが目指すべきゴールにも決してたどり着くことはできないだろう。それは介護を職業とする者としてあるまじき態度であると言ってよい。

優しさに徹する人は「格好をつけてる」「勘違いしている」「ポーズがうまい」などと揶揄《やゆ》され、時には批判を受けることさえある。しかし、それは〝愚か者〟のやっかみに過ぎない。自分ができない行為に嫉妬する、能力の低い人間の戯言《ざれごと》だと思えばいい。そのような愚者の戯言に負けて、流されてしまわない「強さ」が必要なのだ。

強い心と覚悟を持って利用者に向き合う先に、新しい未来が生まれるのだと信じてほしい。きっとそれはあなた自身を照らす光にもなるに違いない。

2021年10月◆菊地雅洋

P R O F I L E

菊地雅洋
Kikuchi Masahiro

1960年、北海道生まれ。
北星学園大学文学部社会福祉科卒。
社会福祉法人登別千寿会理事、
特別養護老人ホーム緑風園総合施設長を経て、
現在、北海道介護福祉道場あかい花代表、
あかい花介護office CEO、
登別市介護認定審査会委員など。
社会福祉士、介護支援専門員、家庭生活総合カウンセラー2級。
BBS「介護・福祉情報掲示板」ならびにブログ「masaの介護福祉情報裏板」が
介護関係者の幅広い支持を得ている。
全国各地の講演会、シンポジウム等において講師を多数務める。
趣味は「日本ハム・ファイターズ」と言ってはばからない、
熱烈なファイターズファン。
著書に『人を語らずして介護を語るな』3部作、
『介護の詩《うた》　明日へつなぐ言葉』（ヒューマン・ヘルスケア・システム刊）ほか。

きみの介護に根拠はあるか
本物の科学的介護とは

2021年10月10日
第1刷発行

著者
菊地雅洋

発行者
松井直樹

発行所
株式会社ヒューマン・ヘルスケア・システム
東京都中央区日本橋横山町2-4
TEL03-5640-2376 FAX03-5640-2373
http://www.hhcs.co.jp
info@hhcs.co.jp

編集協力・著者インタビュー
大江亮一

装丁・本文デザイン
尾崎純郎

印刷・製本
株式会社シナノパブリッシングプレス

ISBN978-4-902884-28-9 C0036